勇気の育て方

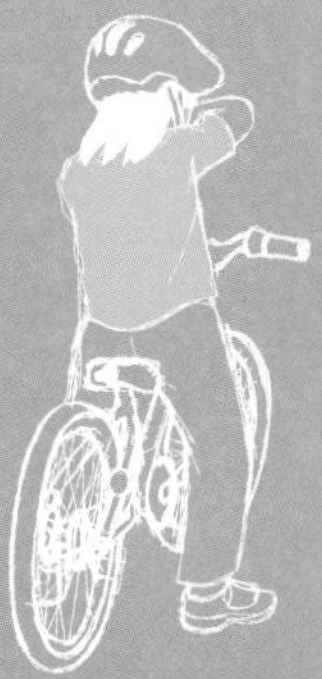

子ども未来研究所
柴﨑かずたか

1万年堂出版

はじめに

勇気って何だろう？

今、この本を読まれているあなたは、きっと「勇気」という言葉に、何か、心を動かされて、手に取られたのではないでしょうか？

考えてみれば、勇気という代物は、目には見えないし、どんな形をしているのかもわかりません。勇気が出せる時もあれば、しりごみしてしまう時だってあります。

クラスで「はい！」と手を挙げるのも勇気だし、気になる子に告白するのも勇気、「ありがとう」や「ごめんなさい」を言うのも勇気です。

よく、「勇気のある人」「ない人」などといいますが、実は、勇気は「育てる」ことができます。

勇気を育てることで、どんないいことがあるのでしょうか。

一ついえることは、**勇気を出して一歩前に進めば、そこには全く新しい自分がいる**ということです。

この本には、ボクが主宰している北海道の野外キャンプで、勇気ある一歩を踏み出した子どもたちの様子がたくさん紹介されています。

怖くて山登りをしたくないと言っていた子どもが、「やっぱり登る!」と決めた時も、急な下り坂を目の前に、足がすくんであきらめそうになっていた子どもが、ペダルを踏みこんだ瞬間も、そして「自分で決めたから」と言って、真っ暗な森を懐中電灯一本で恐怖心と戦いながら歩き通した時も、それはみんな、彼らにとっての大きな大きな一歩でした。

怖がっている子どもが、どんなきっかけで一歩を踏み出していくのか。

どうしたらいいかわからずにいる子どもが、なにをきっかけに飛び込んでいくのか。周りから見ればほんの小さな一歩でも、本人にとっては人生をかけた一歩です。そして、それがどんなに小さな一歩だとしても、彼らはそこで新しい自分に出会います。

この世界だって、誰かのそんな小さな一歩で創られてきたに違いありません。

そんな「勇気」を育てるには、**自分で決めることや、自分で行動すること、自分で結果を求めて進むこと、そして「自分は本当はどうしたいのか?」と自分の心に寄り添うことが一番大切です。**

誰かに認めてもらうための一歩ではなく、自分がしたいことのための一歩を踏み出すことが「勇気」なのです。
○どうしたら褒められるのか、ではなく、自分はどうしたいのか。
○どうしたら認めてもらえるのか、ではなく、自分で自分のことを認められているか。
○どうしたら誰かに好きになってもらえるのか、ではなく、自分が自分を好きでいるかどうか。

これを基準に考え、行動できるのが「本当の勇気」だと、ボクは考えています。


この本で紹介している、子どものための野外体験学習「グロースセミナー」は、4泊5日のキャンプです。

そこで繰り広げられる冒険の数々は、子どもたち自身が決めなければ何も始まらないプログラムです。

そして、自分で決めたら、それを最後までやり通す。

引っ込み思案な子も、人見知りの子も、ふてくされた子も、いじめられっ子も、わずか5日でたくましくなって家族のもとに戻ります。


決められたことをしっかりとやり通すことではなく、自分が本当にしたいことをする。

普段、親や先生が決めたことに素直に従うこと、みんなと協調することを求められる子どもたちにも、いつか必ず「自分で決めなければならない時」がくるのです。

その時になって、今まで素直に誰かに従っていた子どもが、急に自分で決めることなんてできっこありません。

最初は戸惑うものの、このキャンプでは、子どもたちが底力を出して自分で決め始めます。

そしてその決めたことは、ボクたちスタッフ全員が全力でサポートしていきます。

そうしていくことで、子どもたちの勇気が育まれていくのです。

○できないと言ってすぐにあきらめてしまう。
○人見知りで自分の気持ちを伝えられない。
○不登校が続いている。
○うまくいかないことがあると、すぐに人のせいにする。
○友達とうまく関われない。
○協調性がない。
○大人の顔色を気にして自分で決められない。
○しなければいけないことを後回しにする。
○決めたことを続けられない。

日常生活において、親の心配は尽きませんね。

でも、子どもが自分で決める環境を与えてあげるのは、親の大事な仕事です。

その決めたことを尊重し、口を挟まずに見守るためには、親自身の覚悟が必要です。

それがどんな結果になろうとも、それを受け止めるのも、あなたの勇気です。

それが、子どもの自立心につながり、彼らが自分の人生を主人公で生きていく始まりなのです。

子どもたちは、ボクたちの未来を創り出す大事な担い手です。**目の前の子どもたちに、今あなたがどう関わるのか、どう向き合うのかによって、その大事な未来が創られていきます。**

本書にはグロースセミナーの実習内容と、各実習の目的も詳しく記しました。

家庭での声かけに応用したり、休日に「プチグロースセミナー」を実践したりするのもおすすめです。もちろん、これは「子どもにさせる」ためではなく、これを読んでいるあなた自身が実践していくものです。

きっと家族の関わりに、何かしらの新しい風が吹き込んでくるはずです。

この本をきっかけに、子どもたちが、そしてあなた自身が勇気ある一歩を踏み出し、新しい人生を創り始めていくことを、心から願っています。

目次

プロローグ

自分軸を持って生きていく勇気

「これはあなたのためよ」

「こうしなさいって言ったのに。だからママが言ったでしょ」

多くの親御さんが口にしたことのある言葉だと思います。我が子の将来を思って、人に迷惑をかけずにちゃんと育ってほしい、自立した大人になってほしい。それは親なら誰もが願うことです。

「自立している」とはどういうことをいうのでしょう。経済的な自立、精神的な自立、親に心配をかけないこと、自分で何でもできるようになること、自分一人でも生きていけるようになること。

人それぞれ、自立に対する考え方は違うでしょう。

自立するためには、そのための知識や経験を積むことが大事なのはもちろんですが、最も重要なことは「自分を認めること」だと考えています。

ボクは自立をこんなふうに定義しています。

「自分で決めて、自分で行動して、欲しい結果を自ら創り出していく。そして、どんな結果だったとしても、それは自分が創り出した結果だと認めること」

今、目の前に起きていることはすべて、自分が創り出したもの。うまくいかないと、つい誰かのせいにして、被害者意識を持つことがあります。反対に、うまくいっても、「誰かのおかげ」になってしまえば、自信にはつながりません。子どもだけじゃありません。大人のボクたちだってしょっちゅうやっています。自分で考えて、自分で決めて、自分で行動する。その結果どんなことが起きようとも、それは自分が創り出したことなのです。思い通りの結果にならない時に、周りや自分を責めるのではなく、振り返ってそのことを次に活かしていく。「すべては自分次第」という立場に立って事実を受け入れ自分を認めること、つまり自分の軸を持つことがボクの「自立の定義」です。

このことを、子どもたちと一緒に野外の体験学習を通して学んでいくのが、グロースセミナーです。

グロースセミナーは北海道十勝にある士幌高原で行われます。手つかずの自然が残るこの土地にあるヌプカの里という施設での4泊5日をメインとし、事前に東京でのセットアップセミナーで準備をし、秋にフォローアップの1日で完了していく小中学生向けのセミナーです。

北海道では5日間、山に登る、マウンテンバイクに乗る、テント張りをしたり、カレーを作ったり、飯盒炊爨《はんごうすいさん》を楽しんだり。一見するとどこにでもあるようなキャンプとそう変わりはありません。

しかし、参加した子どもたちや保護者から話を聞くと、「他のキャンプとは全く違う」という声をよく聞きます。１年間３６５日のうちのわずか７日間のことなのだけれど、子どもたちにとっては、その７日間がかけがえのない時間になっているようです。いやそれは、子どもたちだけではありません。保護者の方々やスタッフ、このグロースに関わるすべての人たちにとって、１年を過ごすための大切な核になっているといえるのです。

グロースでは、プログラムは決まっていません。いや、正確にいうと、プログラムはあるけれど、それを実際にやるかどうかは子どもたちが決めるということ。

例えば山登り。通常のキャンプでは最初から山に登ることが決まっていて、そのために必要な注意を伝え、その準備をさせるのが一般的かもしれません。

グロースセミナーでは、プログラムの準備はしますが、最終的に山に登るのかどうかを決めるのは子どもたち自身です。もちろん山登りをするにあたっての情報は事前に詳しく伝えます。

山頂からは然別湖《しかりべつこ》という、周囲を原生林に囲まれ、太古の自然を今に伝える見事な湖が見渡せること。たとえ曇りで見えなくても、その代わりに見事な雲海を見られること。一方で、山道はクマザサで覆われていたり、急斜面や岩場もあったりする。身長が低い低学年は体全体を使ってよじ登らなければならないような場所もある。どんな登山でも危険はありますから、そのことを注意深く伝えます。それから、トイレがないことも。

簡単に登れる山ではないことも伝えるわけですから、初参加の子どもの中には怖がる子もいます。

与えられたこと、言われたことに無条件にイエスと言うことに慣れていて、自分で考えることに不慣れな子どもはたくさんいます。あるいは、「決まっていることだから」とそれに従うことに慣らされた「素直な」子どももいます。

グロースでは、何一つ決まっていませんから、自分で決めなければなりません。必然的に自分で考えなければならなくなるのです。

そうやって、普段は大人たちが決めたことに従っていた子どもたちが、少しずつ自分と向き合っていくのです。

「自分はどうしたいのか?」

「登りたいのか?」「登りたくないのか?」

「登りたいとしたらどうして?」「登りたくないとしたらどうして?」

そうやって、何度も自分に問いかけます。

ですから、「登るー!」とすぐに反応する子どもにも、「登りたいと思う理由は?」と自分に問いかけてもらうのです。こうやって自分に寄り添う練習が始まります。

もしも一人でも登りたくないという子がいたら、「登らせるための説得」ではなく、チーム全員で、登りたくない子どもの考えに耳を傾けます。もちろん、「登りたい」と言う子どもの意見にも耳を傾けます。グロースでは多数決もじゃんけんもやりません。多数決やじゃんけんは一見平等で、何かを決める時には便利な方法です。でも、自分の気持ちは尊重されません。極端な言い方をすれば、勝つか負けるか、まるでギャンブルをするようなものですから、「こうしたい」という大事な気持ちはないがしろにされてしまうのです。だから、**たった一人でも違う意見があれば、全員でその意見と向き合って話し合います。自分で決めることだけではなく、それを皆で共有していくためのコミュニケーションの練習にもなるのです。**

「みんながそう決めたなら、それに従います」、あるいは「どっちでもいい」。

これでは、自分で決めたことにはなりません。自分で決めないままに、実習に参加することになると、そもそも自分の意思を持たないままで参加するのですから、途中で嫌になったらやめたくなるし、たとえやり遂げたとしても真の達成感を得られません。

これを読んでいるあなたにも、覚えがあるのではないでしょうか?

「みんなはどうしたいのか」「どうしたらいいのか」ということではなく、「自分はどうしたいのか」を大切にしていくのが、このグロースセミナーなのです。

だから、必ず、自分で考え、自分で決めることを促します。

グロースでの実習の目的は、**その実習をやること以上に、「自分で決める」ことであり、何を決めたにせよ、その決めたことを、「最後まで全員でやり遂げ、その自分を認め、お互いを認め合うこと」なのです。**

こういったプロセスでボクが大切にしていることは、子どもたちが自分で決めるための「場の提供」、つまり子どもたちにとって、「自由でかつ保護された環境」の提供なのです。

子どもたちは自分たちで考え、学習する権利があります。ですが、大人はよかれと思い、自分たちの経験や知っていることを、あれこれと子どもたちに教えようとします。

右と左の道から選ぶ時、こんなやり取りが目に浮かびます。

「どっちに行くのか自分で決めなさい。右？　それとも左？　ママは、右のほうがいいと思うけどね」

これでは、子どもの安全は守られますが、同時に、彼らが「経験し、学ぶ」という可能性を奪ってしまうともいえるのです。

「教育」という言葉は、「教え」「育てる」「はぐくむ」と読みますね。

でも、それは、大人の側に立った言葉の意味です。「教わる」「教わりたい」「育つ」「育ちたい」という、子どもたちのサイドに立ってみると、そのための環境を与えることの大切さに気づきます。

子どもたちのことで、何かを直したいと思った時には、むしろ我々のほうで改めるべきことではないかと、立ち止まって考えてみる価値があります。

子育てをしていくうえで、まず、**親自身が「自分はどうしたいのか？」と自分に問い、子どもを育てること以上に、「親自身が自分を成長させる」ことが大切ではないでしょうか。**

「自分」とは何か。「自分はどうしたいのか」、それはいったいどういうことなのか。次の章からある女の子の事例を通して、一緒に考えていきましょう。

本書に登場する子どもたちは、このグロースセミナーに参加してくれた多くの子どもたちのキャラクターから作られた架空の人物です。でもここに語られているエピソードのほとんどは実際にあったことです。

第1章

あなたは我が子をどう育てたいですか？

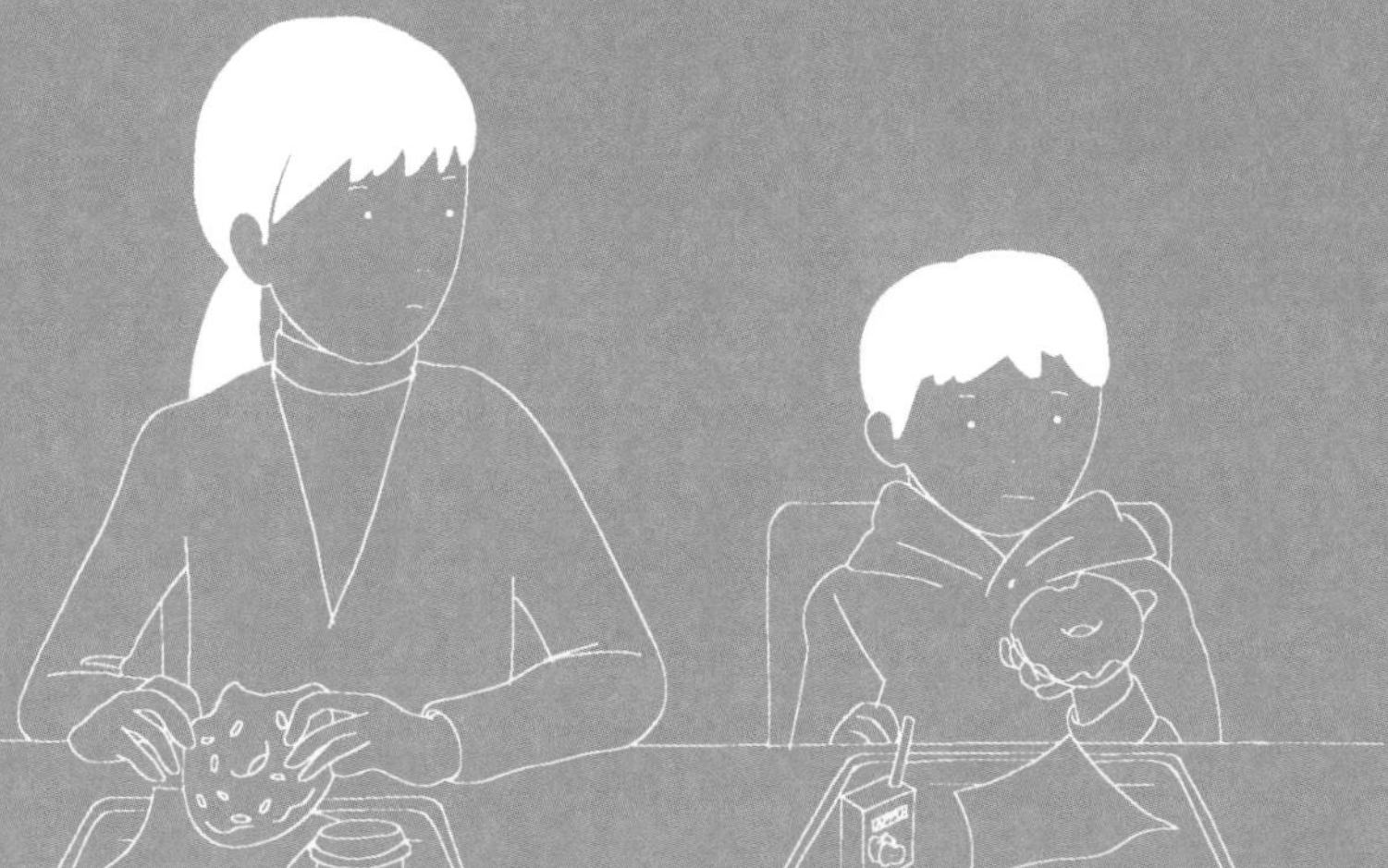

「こうなってほしい」は、子どもがしたいことではなく、親がさせたいことです

物語 1

ここに1人の女の子がいます。彼女の名前は宮島さくらちゃん。小学3年生です。

さくらちゃんは一人っ子。お父さんはIT企業でエンジニアをし、お母さんは契約社員として、専門学校で事務をしています。

さくらちゃんはお母さんにべったりの甘えん坊。もちろんお父さんも、たくさん、たくさん愛情を注いでくれ、大好きな存在だけれども、一緒にいる機会の多いお母さんのほうが何でも言いやすい。時々、わがままも言って、お母さんを困らせてしまうこともあります。

家ではテレビに出てくるアイドルのまねをして、歌うことが大好きなのに、家の外へ一歩出ると、口数が極端に減ります。

近所のおじさんやおばさんから「こんにちは」と言われても、うまく返すことができません。お母さんと一緒の時でも、近所の人から声をかけられても、黙ったま

ま。

学校でも、先生から「宮島さんはどう思う？」と聞かれても、答えに困ってしまい、つい黙り込んでしまいます。

クラスメイトの子たちが、楽しそうに話しているのをそのそばで、黙って聞いているだけ。

お母さんはそんなさくらちゃんをとても心配していました。人見知りのまま、大人になってしまうと困ってしまうのではないだろうか。今のうちに自立をさせておかないと、一人ぼっちで一生、過ごしていってしまうかもしれない。

お母さんはそんな不安を抱えていました。お母さんとしては、

「さくらにもっと積極的になってほしい」

「自分からあいさつできる子になってほしい」

と願っていたからです。

物語❶から学ぶ

子どもの性格は様々です。育ってきた環境や、兄弟、両親との関係でも変わってきます。外では恥ずかしがり屋だけれども、家では踊ったり、歌ったりするのが大好きな子どもはたくさんいます。外ではしゃべらず、おとなしいのに、実は頑固という子もいます。

では、**親は子どもの性格に対して、なぜ、不安に思ったり、悩んだりするのでしょうか。**

「こうなってほしい」という強い願いもあれば、「自分が小さい頃そうだったから、この子だけはそうならないで……」という切なる気持ちもあるかもしれません。

さくらちゃんのお母さんは、こう願っています。

「積極的になってほしい」

「自分からあいさつできる子になってほしい」

このように「こんな子になってほしい」と願うのは、親なら当たり前のこと。

ほかにも、

・自分で朝起きるようになってほしい
・友達をたくさん作ってほしい
・先生の言うことをよく聞いてほしい

・決めたことを守ってほしい
・勉強が好きになってほしい
・家の手伝いをしてほしい
・学校に行ってほしい

あなたは我が子をどう育てたいですか？　子どもに「こうなってほしい、ああなってほしい」と期待する前に、**あなた自身は自分のことを「どんなふうに育てたい」と思っているのでしょうか？**

「こうなってほしい」は、子どもがしたいことではなく、親がさせたいことです。子どもと親は別の人間なのです。

以前、ボクのところに、不登校の子どもを持つお母さんが来ました。ボクは彼女に、「お母さんはどうしたいの？」と尋ねました。お母さんは、「子どもに学校に行ってほしいです」と答えました。お母さんの気持ちを考えれば当然のことですね。

でもボクはこう尋ねました。

「それは子どもにしてもらいたいことであって、お母さん自身がしたいことじゃないですよね？　お母さんはどうしたいの？」と。

「自分で解決できるようになってほしい」

「人に迷惑をかけずに生きられるようになってほしい」
「ゲームばかりじゃなく、好きなことを見つけてほしい」
「お母さんはどうしたいの?」と何度も聞いても、こんな具合に「子どものこと」が返ってきます。時間はかかりましたが、最後には「私は子どもの味方でいたい」と、ようやく「お母さん自身がしたいこと」が返ってきました。

この違い、わかりますか? **自分以外の誰かを思い通りにすることと、自分自身が自分にさせたいことは全く別のことなのです。**

簡単なことのようですが、親は、特に多くの母親は、「子どものために」という思いが強く、自分自身のことは棚上げしてしまうことが多いようです。**子どもにどうなってほしいか、ではなく、「親であるあなた自身がどうしたいのか」。それが子育てのスタートであり、親育ての第一歩なのです。**

自立への第一歩は、「自分の考えを持つ」こと

物語 2

ある日、さくらちゃんとお母さんが近所を散歩していると、近所のおじさんに会いました。おじさんには大学生になる息子がいます。おじさんは愛想がよくて、息子も小学生を中心とした子どものサッカークラブのコーチをしていて、さくらちゃんのクラスの男の子たちからも人気者でした。

「こんにちは」

おじさんから声をかけられても、さくらちゃんは、黙ってうなずくだけです。

「すみません、人見知りで。もうちょっと元気よくできればいいんですけどね」

お母さんは困ったように言いました。

「子どもの性格はいろいろですよ」

おじさんはやさしい笑顔をさくらちゃんに投げかけてくれました。

「うちの息子も、昔は引っ込み思案だったんですけど、小学生の頃にキャンプに行って、みるみる変わったんですよ」

あの大学生のお兄ちゃんが？とさくらちゃんは内心驚きました。おじさんの息子は元気で明るくて、どんな人とも分け隔てなく接する人だからです。

「どんなキャンプなんですか？」

お母さんはどうやら興味を持ったようです。

「僕の知り合いがやっているのだけれども、キャンプというか、セミナーかな。『グロースセミナー』といって、子どもたちを対象にしているんです。興味あるなら紹介しましょうか？」

おじさんが教えてくれたのは、４泊５日、北海道の士幌という町で小学１年生から中学３年生までの子どもたちが共同生活をする「グロースセミナー」というキャンプです。

「このキャンプに参加すると、子どもたちはイキイキとしてキラキラ輝いて帰ってくるんだよ。みんな参加する前と変わってね。初めて行かせて帰ってきた時の息子を見て、まるで魔法にでもかかったのかと思ったほど、驚いたんですよ」

「どんなふうに変わるのですか？」

お母さんは聞きました。

「人それぞれだけど、僕の息子は僕たち親が何も言わなくても、自分で何でも率先してやるようになった」

「どんなことをするのですか？」

「みんなでカレーを作ったり、山登りしたり、マウンテンバイクに乗ったりするんですよ。だけどね、それだけじゃない。何をするにも、自分たちで決める。最初は戸惑うかもしれないけれど、どんどん楽しくなる。僕の息子は毎年、このキャンプに行くのをとても楽しみにしていた。さくらちゃんも参加してみたら？」

　こう話すおじさんの表情は楽しそうです。そんなに面白いのかな？　さくらちゃんの中で、少し興味がわきました。

物語❷から学ぶ

このおじさんが話しているのが、グロースセミナーです。セミナーでは飯盒炊爨やバーベキューをみんなで用意し、山登り、マウンテンバイクといった体を動かすこともします。みんなで気球をあげて乗ることもあります。どれも貴重な体験で、とても楽しそうに取り組んでいます。

ただ、ボクたちが大切にしているのは、何でも自分たちで決めること。一般的なキャンプでは、プログラムは初めから決まっていて、そのスケジュール通りに過ごします。

グロースセミナーでも、予定しているプログラムはありますが、**それをやるかやらないかを決めるのは子どもたちです。**プロローグにも書きましたが、その実習の面白さや危険性をきちんと子どもたちと共有し、そのうえでやるかやらないかを子どもたちが話し合って決める時間を設けます。このセミナーの目的が、**子どもたちの自立であり、自立への第一歩を、「自分は、どうしたいのか？」を考え、「自分の考えを持つ」ことに位置づけているからです。**

ここで、９年間連続でセミナーに参加したある男の子のお母さんの声を紹介します。

この9年間は、親にとってもかけがえのない9年間でした。学校でもない、サークルでもない、わずか4泊5日のキャンプなのに、この5日間がまるで1年の中心にあるようでした。

息子は、年々自分で決めることに習熟し、時折、親があれこれ言い出すと、「僕にこうしろ、ああしろと言ってくれるのは、いいと思って言ってくれているのはわかる。それはうれしいけれど、お母さんはどうしたいの？」と聞いてきます。この時、ハッと子どもに気づかされることが多いのです。

中学3年生ですが、来年から海外に留学を決めました。それも自分で。そんな展開は予想もしていなかったことで、本当に驚いたし、戸惑いました。親としても、子離れをするという自立を促された気がします。

彼は今、カナダの高校に留学をしています。早くに親元を離れ、生活することは容易ではありませんし、親御さんも「うまくやっているかな」と心配にはなるでしょう。しかし、どんな失敗でも、自分が決めたことだと考えれば、そこから学びます。そして「自分はどうしたいのだろう？」と、また自分で考えて、歩み始めるのです。自分で考えるとはどういうことか。続きの物語で解き明かしていきましょう。

「自分」って何？

物語③

近所のおじさんから教えてもらった「グロースセミナー」で、何かが変わるかもしれない。お母さんは「行ってみたら？」と強くすすめてきました。お父さんも賛成です。さくらちゃんは、一度は嫌だと言いましたが、その反面、おじさんがとても楽しそうに話していたのが、頭に残っていました。お父さんもお母さんも、セミナーに参加するのは大賛成なので、さくらちゃんは、気が進まないながらも、行ってみることにしました。

北海道で行われる4泊5日のキャンプの前に、事前の顔合わせが広い会場で行われました。セットアップセミナーというそうです。

セミナーは午前中、子どもたちだけ集められました。保護者は親向けのセッションがあるため、別室にいます。

周りには似たような年頃の子どもたちが20人ぐらいいます。男の子が9人、女の子はさくらちゃんを含めて11人。一番上は中学3年生のお兄さん、お姉さんです。小学1年生、2年生の子たちも結構な人数いました。

前にホワイトボードがあって、ぐるっと半円に椅子が並べられていました。さくらちゃんは端っこに座りました。

すでにお互い顔見知りの子どもたちもいるようで、その子たちは楽しそうに話しています。並べられた椅子に座って、さくらちゃんはずっとうつむいたままでした。

正面の真ん中には短く切った髪型に、グレーの半袖のTシャツ、ジーンズ姿のおじさんがいます。お父さんよりはずっと年上の男の人です。

その人はこうあいさつをしました。

「ボクの名前はしばさきかずたかです」

何度かこのセミナーに参加している子どもたちは、「シバシバ」と親しそうに呼んでいます。こんな大人をみんな、シバシバと呼ぶの？　シバサキ先生じゃないの？　さくらちゃんは少し驚きました。

「じゃあ、一人ひとり、前に出てきて自己紹介。あとは自分のことを何て呼んでもらいたいか、リピーターはグロースで何が楽しみなのかも教えて」

子どもたちはおのおの、自己紹介をします。

「はい、みんなの前に立って。何て呼ばれたい？」

「ミッキー」

そう言った女の子は、もう何度もこのセミナーに参加しているようです。

「何が楽しみ？」

「うーん、山登り！」

「そうか、山登りか。そういえば去年は、チームが迷子になったからなぁ」

みんなが笑っています。

「今年も思い切り楽しもう」

「うん」

「じゃあ、みんなで呼んでみよー」

「ミッキー！」

ミッキーは、照れ臭そうにしています。

こんな具合に次々に自己紹介が続きます。

さくらちゃんの番になりました。さくらちゃんは学校では、名字で呼ばれています。下の名前で呼ばれることには慣れていません。

「みやじまさくらです。あの、あの」

しばらく黙り込んでしまいました。沈黙の時間が流れます。さくらちゃんが黙っている間も、他の子どもたちはじっと待っていました。

「みんなに何て呼ばれたい？」

視線が注がれます。かあっと恥ずかしくなって、慌てて、

「さくらでも、みやじまさんでも何でもいいです」

と答えました。

「さくら、みやじまさん、本当はどっちで呼ばれたい？」

シバシバが聞いてきました。

「どっちでもいいです。みんなが呼びやすいほうで」

「自分で決めてごらん」

シバシバは、真剣な表情です。さくらちゃんはビクッとしました。どう呼んでもらいたいか、自分で決めるなんてこと、今まで考えたことがなかったからです。

「どっちでもいいです」

「そうかぁ、どっちでもいいのかぁ。でもボクが決めるわけにはいかない。君の名前だから、君が決める。どう呼ばれたい？」

さくらちゃんは考えました。両親や近所の人からは「さくらちゃん」と呼ばれています。学校では「みやじまさん」だけど、それだと、なんだか、よそよそしく感じていました。仲のよい子同士は、ニックネームや下の名前で呼ばれています。本当は自分も、さくらちゃんと呼んでほしいと思っていました。

「あの」

「あの、さくらちゃん……」

小さい声ながらも、さくらちゃんは、答えました。自分の意思を家族以外に、しかも初めて会う人たちの前で言うのは初めてのことでした。

「よーし、みんなで呼んでみよー」

「さくらちゃーん！」

ちょっとびっくりしましたが、少しうれしい気持ちにもなりました。

自己紹介が終わった後は、シバシバに「どんな夢があるのか？」と聞かれました。事前に配られたシートに、自分の夢と絵を描きました。

「ラーメン屋さんになりたい」

「サッカー選手」

「バスケ」

「科学者」

いろんな夢がありました。

さくらちゃんは「漫画家になりたい」と書きました。

「みんなその夢を実現したいか？」

「はーい」

「じゃあ、その夢をかなえるために大切にしたいことを考えてみよう。そして、それをグロースで実際にやってみる。それで役立ちそうだったら、2学期から学校でもやってみればいい。全部で5つ決めるぞ。みんなで話し合ってこの5つを決めていく。大事なことだから、人任せにするなよ。はい、始めて」

そうシバシバが言うと、さっそく子どもたちの中から、

「友達と仲良くする」

「思いっきり楽しむ」

「集中する」

と、意見がどんどん出てきます。けれども黙ってじっとしている子どももいます。さくらちゃんもまだ意見を言えません。しばらくして、意見が出尽くした頃、シバシバは何も意見を言いださないさくらちゃんに、こう問いかけました。

「さっきから何も言わないようだけど、さくらの考えは？　同じ意見だとしても、さくらの声で、自分の意思を伝える。グロースはそれを練習する場所です。そもそも、今こうしている時間は、誰の時間だと思う？　この時間は、みんなのものではあるけれど、何よりも、さくらの人生の中の大事な時間なんだよ。自分の大事な時間を、誰か任せにしてはいけない。いいか？

自分の考えが合ってるかどうか、間違ってるかどうかが気になるかもしれないけ

ど、それはここでは、全く関係がない。ここには勉強みたいに正しい答えはない。まず自分の考えを声に出すことが一番大切なんだ。

このグロースセミナーでは、自分で考える。そして自分で行動する。さくらはどうしたい？　どんなことを大切にしたいんだ？」

さくらちゃんはビクッと驚きました。自分の時間？　みんなの時間じゃなくて……さくらちゃんは考えました。

物語3から学ぶ

誰の時間？　こう聞かれると、初めて参加する子どもたちはたいてい驚きます。時間は誰かの所有物ではないし、いつもごく自然にあるものですからね。でも、日常生活では、「時間」が大きな意味を持っています。そもそも、この時間という概念は、人間が創り出した価値観です。大自然は、緩やかな変化や変容があるだけで、時間という区切りはありません。でも人間は、生きていくうえで、共通の概念として時間という区切りを設け、多くの人たちと共同で作業することに役立ててきたわけです。でも、知らないうちに、その時間に支配され、未来のために今を犠牲にしてしまうことに、気づけません。例えば、空腹になったら食事をするのは当たり前のことなのですが、ふと気づいてみると、「昼になったから」とか、「夕ご飯の時間になったから」と言って、おなかがすいていなくても食事をすることはありませんか？　些細なことなのですが、人間が創り出した「時間」に知らないうちに支配されているかのようです。

おまけに、そんな**大事な時間にもかかわらず、大事な決め事を「みんなの総意」に任せてしまうことばかりです。**そのほうが、もめごともないし、波風が立たないからでしょう。もちろん、それがいけないわけではないのですが、グロースセミナーでは、一つ一つ、自分の意思を持つことや、考えてみることを練習していくのです。

多くの人と一緒にいると、「みんな」という意識が芽生えます。ところが「みんな」という存在は実は存在していません。そこに存在するのは、それぞれの「自分」という存在の集りです。なんとなく、「みんな」と過ごしていると、「みんな」の意向を優先し、「みんな」で決めることに同意するようになります。子どもの頃から「協調すること」を望まれてきた日本では、それが生きていくうえで大切なことなのです。

子どもだけではありませんね。**時間は大切だということは「知っている」けれども、「大切にしているのかどうか?」**と問われたら、意外にそうでもないかもしれませんね。

「みんな」の中に隠れてしまいがちな「自分」をしっかりと意識し、「自分はどうしたいのか?」「本当はどうしたいのか?」と、問いかけることで、自分軸が育まれていくのです。

ボクと子どもたちとの間で、よく繰り返されるやり取りはこんな具合です。

「誰が創り出した?」

「ここにいるみんなで」

「みんなって誰のこと?」

「ここにいる人たち」

「ここにいる人たちって誰?」
「自分たち」
「自分たちって誰?」
「自分……」

この世に、「みんな」という存在はいないのです。「自分」とは何なのかを考える、「自分」はどうしたいのか？　それを考えることで、子どもたちは成長していきます。それが自立のうえで大切なことだからです。

セットアップセミナーから、「自分はどうしたいのか?」を問うことは、本番のキャンプのための大事な準備です。いきなりキャンプで「君はどうしたいんだ?」と聞かれても、混乱する子どももいるでしょう。自分で考えるという環境、自分で決めるという環境を提供して、そのことの練習をするためにもセットアップセミナーは大事な一日となるのです。

この間、親御さんは別の部屋で、自分の子どもにどんな価値を創ってきてほしいのか、子育てでどんなことに困っているのか、去年参加させてどうなったのか、などを分かち合ってもらっています。

親御さんの中には、「グロースに参加すれば、自立できると思って」という方もいますが、ボクは「グロースに期待しないように」とお答えします。グロースセミナーに特別な魔法や秘密があるわけではありません。

一ついえることがあるとすれば、このグロースに関わるスタッフ（全員がボランティアです）全員が、子どもたちの成長にコミットしているのですが、実はそれ以上に、自分を成長させようという意欲を持った人たちが、関わっていることです。

大事なことは、子どもを立派に育てたいというのなら、子育てをする親自身が自分自身を立派に成長させるのが先決ということです。子育ては、自分育て、です。「子どもをグロースセミナーに行かせる」だけでなく、親御さん自身も、この機会に自分の成長に取り組んでこそ、親子で大きな価値を創り出すことができるのです。子どもが成長するかどうか、価値を創り出すかどうか、その答えを見つけるのは、子どもたち自身です。この物語の続きは次の章から詳しく解説していきます。

「第2章」

あなたはどれだけ自分で決めていますか？

「時間を決めること」で、自分のしたいことをやっている実感を味わう

物語4

グロースセミナーに参加することになったさくらちゃん。お父さんとお母さんと離れて、よく知らない人たちと遠い北海道で5日間キャンプをするなど、初めての経験。不安がいっぱいです。

グロースセミナーはシバシバとインストラクターとサポーターが引率します。インストラクターは子どもたちと一緒に行動し、サポーターは食事の準備などをするそうです。多くの人がグロースセミナーの卒業生で、社会人もいれば、大学生のお兄さん、お姉さんもいます。

いよいよ、バスに乗ってキャンプ場へ出発です。最初に向かうのは士幌町の農村自然公園。北海道といえども、夏まっさかり。気温は30度を超していました。

農村自然公園には大きな木がありました。その木の下でシバシバが言いました。

「今日から一緒に行動するチームを作ります」

実は、セットアップセミナーでもチーム作りはしました。でもあれとは違う、本格的なチーム作りです。

「この北海道の大自然の中で一緒に行動する大事なチームです。1チーム5人。ここにいるのは何人？」

セミナー参加者は20人です。

「20人」

子どもたちは口をそろえて言いました。

「そう、20人を4つに分けます。どんなチームを作るかというと、誰にとっても最高の価値を創る、そんなチームを作ります。だから、この人と一緒にやりたいとか、この人たちと最高の価値を創りたいとか、自分の意思をきちんと持って、自分たちでチームを作っていきます。待っていても誰も来てくれないぞー。そして、大自然には危険もたくさんあるから、初参加者ばかりにならないこと。リピーターが必ず何人か入ること。そして男女、学年のバランスも考えていきます。

君たちが創り出す欲しい結果は、男女や学年のバランスを考えること、初参加とリピーターが散らばること、そういうチームを4つ作ることです。自分のチームだけできても、それを欲しい結果を創ったとはいえません。いいかな？」

シバシバはチーム作りの条件を伝えました。そのうえで、

「質問は？　なければ、まずチーム決めの時間を決めます。はい、どれくらいの時間でチームを4つ作るのか決める」

と続けたのです。

チーム決めのための時間？　学校なら、「10分でチームをみんなで決めましょう」と先生は言います。でもここでは、まずチームを作る時間が何分なのか、何時間なのか、そこから決めるのです。さくらちゃんには、何のためにそんなことをするのか、さっぱりわかりませんでした。

「じゃあ、どれくらいの時間でチームを決めるか、話し合ってみよう」

シバシバはそう言って、黙りました。

子どもたちは「うーん」とお互いの顔を見合わせます。さくらちゃんも、あたりを見回します。みんなどれくらいの時間がいいと思っているんだろう？

「30分」

「この間は1時間ぐらいかかったから、それぐらい？」

「1時間はしんどいから15分ぐらいにしよう」

「15分で決まる？」

みんなおのおのに考え始めました。シーンと静かな時間が流れます。どれくらい時間がたったでしょうか。なかなか答えが出ません。さくらちゃんも「早く決まらないかな？」と周りを見回しました。するとシバシバが静かに口を開きました。

「君たち、この時間は誰のものなんだ？」

「誰の時間だ？」

子どもたちは顔を見合わせて、首をかしげました。そして、

「みんな……」

と子どもたちは口をそろえて言いました。さくらちゃんも同じ意見です。「ここにいるみんなの時間」だと。

「みんなって、誰のこと？」

シバシバはさらに問いかけます。子どもたちはしばらく黙り込んで、考えました。誰もふざけたり、他のことをしたりする子はいません。みんな必死で答えを出そうと考え込んでいます。そして、呼吸を合わせるように、一斉にこう答えました。

「自分」

物語❹から学ぶ

「時間を決めること」は、自己管理するうえでも、グループ活動をするうえでも大事な基準になります。時間は与えられているものと感じがちですが、実は、いつまでも永遠に与えられるわけではないことは知っています。毎日を追われるように生きている人は、時間に支配されてしまうし、そのことで焦ったり苛立ったりもしてしまいます。このグロースでは、**「時間を決めること」で、自分のしたいことをやっている実感を味わいます。**これも自立の一つとして大切にしています。

では、なぜ、時間を決めることが大切なのでしょうか。ここでは子どもではなく、ある女性とのやりとりを通して一緒に考えてみましょう。女性の名前はA子さん。47歳で自営業。離婚歴があり、お子さんはいません。今の仕事が大好きだけれども、なんとなく、日々の生活にも物足りなさを感じています。

ここからはボクとA子さんのやりとりです。

――A子さん、あなたは人生、あと何年生きる予定にしていますか？

「今、47歳なので、少なくとも女性の平均寿命の87歳までは生きたいですね。そうするとあと、40年ぐらい？」

――ＯＫ。40年という時間を設定するわけですよね。40年後の自分はどんな自分？

「足腰がしっかりしていたいです。できる限り自分のことは自分でできるようではありたいですね」

――フィジカルな面ですね。では**どんな気持ちを味わっていたい？**

「少なくとも……」

――少なくともじゃなくて。

「あ……（ちょっと答えにつまる）。そうですねえ。私はアイドル好きなので、その時にすごくキラキラしているかっこいいアイドルにはまって、キャーキャーミーハーな気持ちを味わっていたいです。そのアイドル好きな仲間とキャーキャー、そのアイドルの魅力について語って、楽しい気持ちでいたいです」

――最後の瞬間にですか？

「あ、そうですね。確かに87歳だと病気しているかもしれないですし、寝たきりの可能性だって十分ですね」

——最後の瞬間はどんな自分として迎えたいですか？

「私は独身なので、もしかしたら家族はいないかもしれないけれど」

——いやいや、ボクが聞いているのは、どういう最期だったらいいですか？ということ。

「ある日まで元気でぴんぴんしていたのに、突然、コロリと死ぬ、〝ぴんぴんコロリ〟で死にたいです」

——場所はどんな場所がいいですか？

「自分が楽しいと思えるところ。例えば、友達とごはんを食べている時とか」

——友達と食事をしている時に、突然ですか？　ははは、それは迷惑かもね（笑）。じゃあ、友達と最後の時を迎えたい？

「そうですね……。確かに突然死は変死扱いになりますから、警察が来ますね。でも、一緒にいて、楽しいと思える仲間と最後を迎えたいです」

——じゃあ、最後の瞬間、友達が1人いてくれればいいということですか？

「3人ぐらい」

——3人がA子さんを見守っている状態の中で旅立ちたいんですね？　その時、自分はどんな気持ちでいられたらいいですか？

「あ、楽しかったな、人生、楽しかったな、と思って死にたいです」

——その時、その3人はどんな表情で、どんな気持ちでいてくれたらいいと思いますか？

「この人と仲良くなれてよかったな、と思ってもらえたらうれしいです」

——それが40年後の理想の自分ですね。それって、保証されていますか？

「いえ、まったく」

——さっきは40年後まで生きたいと言っていたけれど、もしも今夜、突然死ぬことになったらどうでしょうか？　そんな楽しかったなぁっていう気持ちを持てそうですか？

「持てませんね……」

——じゃあ、**どうなればそんな最期を迎えられるんでしょうか？**

「……」

このやりとりを見て、何を感じますか？　40年後なら、楽しい最期を迎えられると思っていても、いざ、今晩、死んでしまう……となると、人は人生に満足して最期を迎えることができるのかどうかわかりませんね。

① あなたはあと何年ぐらい生きたいですか？
② その最後の瞬間に、あなたはどうしていたいですか？
③ どのような気持ちで、誰に見守られながら最期を迎えたいですか？

1つ1つ自分に問いかけると、時間という区切りがはっきりと見えてきます。しかし、人の人生は先が見えません。自分はあと40年生きようと思っていても、人生の終わりは3年後かもしれないし、今晩かもしれない。

今流れている時間は、かけがえのない、あなたの人生の時間。この10分、20分はあなたの人生の時間の中の10分、20分です。日々の忙しい中では、なかなか「自分の時間」という意識は持ちにくいかもしれません。知らないうちに「誰かの時間」、例えば会社の時間、上司の時間、家族の時間を過ごしているような気がしませんか？　だけれども人間には時間の制限がある。だから、今からよーいどん！とスタートを切って、**自分の時間を「自分で決めて、何かをしていく」という意識を持つことはとても大切なことなのです。**

試行錯誤が心を育てる

「誰の時間？」

「みんなって誰？」

「自分」

このやりとりを聞いてさくらちゃんは、時間というものを初めて意識しました。なかなかチーム決めの時間が決まらないだけで、焦ってしまう。どうしたらいいかわからなくなる。早く決めないと、叱られるんじゃないか。誰かが30分と言ったら、それに従おう。さくらちゃんは、そんな風に考え始めました。

でも、よくよく考えてみれば、自分もチームの一員です。チーム作りは自分にも大きく関係してくることなのです。

「やっぱり30分ぐらいだよね」

誰かが言いました。

「そう、そうだね」

ほかの子たちも賛成します。

「30分、いいと思う」

さくらちゃんは小さな声でつぶやきました。誰も聞いていないかもしれないけれども、大きな勇気を持ってつぶやいたのです。

ようやく「30分で作る」ことが決まりました。チームを作る時間を決めるだけで、時間がかかるのだから、チームそのものを作るのは、もっと時間がかかりそう。だったら、自分は誰とどう組むのがいいのか、もっと真剣に考えようと、さくらちゃんは思いました。

中学生のお兄さんが、ストップウォッチを持って、「今から、30分で決めるよ。よーいスタート」とコールしました。今から30分でチームを作らなくてはいけません。

ただ、誰と組んでいいか正直わからない。どの子がどんな性格なのか、まだよく理解できていないからです。あたりを見回していると、草むしりをしている男の子がいました。

「何で草むしりをしているんだろう？」としばらく見ていると、シバシバがその子に、

「今は何する時間だ？」

と声をかけました。

男の子は、ハッとして、草むしりをやめました。

「今は何の時間なんだろう？」

「そうだ、みんなでチームを作る時間だ」

「ん？　みんなって？　そうだ、一人ひとりがチームを作る時間だった！」

そうか、この時間は自分たちのものなんだ、とさくらちゃんは思いました。

物語⑤から学ぶ

男の子が草むしりをしていたのには理由があります。なかなか進まないことに飽きてしまったのだろうし、誰かが決めてくれるのを待っていたのです。その場に主体的に関わっていない子どもにありがちなことで、ボクはそういう子を見つけると、「今、何をする時間だ？」と声をかけます。

気づかないうちに人任せになっていて、物事に自分が主体的に関わっていないことに気づかなくなっているのです。子どもたちは、「大事なことは大人が決める」ことに慣れているのです。

グロースセミナーではどんなことでもすべてそこにいる全員の総意で決めます。じゃんけんや多数決は選択肢にありません。これらのやり方は便利ではあるけれども、それでは自分で決めたことにはならないからです。

チーム決めを30分で、となっても、実際はなかなかそのとおりにはいきません。時間がオーバーしてしまうこともしばしばあります。

ただ、グロースセミナーでは**時間内にチームを作ることが目的ではありません。大事なのはそのプロセスでいろいろな葛藤を味わうことが一番の目的です。**

時間だけが経過し、チームが決まらないことに子どもたちは困惑し始めます。「どうしたらいいんだろう?」と焦り、意見も次第に出なくなります。そうすると、ますます混乱します。シーンとした時間が流れますが、グロースセミナーでは彼らが自分で決めるまでひたすら待ちます。誰かが決めてくれるだろう、ではなく、自分が決める。そのことに気づいてもらうためには重要な時間なのです。

人間は混乱すると、「どうしたらいいんだろう」と、答えを見つけようとします。子育てに悩んだり、仕事の悩みや人間関係の問題などに直面したりすれば、すぐにでも答えを見つけたくなるでしょう。身近な誰かに相談したり、インターネットで検索したり、本を読んだりと、何かしらの答えを探します。それが解決策になればいいのですが、多くの場合、参考にはなるものの、個別のケースにはなかなか適応しないことが多いものです。

もやもやした状態を一刻でも早く解決したいのは、誰しも同じかもしれませんが、実は**答えが見つからないこのもやもやした時間は、心が育つとても大事な時間です。**

そんなに居心地の悪い時間がなぜ、心を育てるのでしょうか?

子どもたちに正解を教えることは、よくあることでしょう。子どもは、自分で決めることに慣れていませんから、親や周りの大人に依存します。グロースセミナーでも「トイレに行ってもいいですか?」「次は何をやるんですか?」「これをやってみてもいいですか?」など、何度もボクに質問をしてきます。その都度ボクは、彼らに自分で考えることを促します。

「君はどうしたい？」

「トイレに行っていいですか？」に対して、「君はどうしたい？」なんて言うと、子どもはきょとんとします。さらに「ダメだって言ったら行かないのか？」と聞くと、我に返ったように「行きたい」と答えます。おかしなやり取りですが、こんな小さなことから、自分で考えて、自分で行動する練習をしているのです。

自分がどうしたいのか、自分は何を望んでいるのか、自分に問いかけることの大切さは大人にもいえることです。言い換えれば、試行錯誤することは、自分に真正面から向き合うことといえるでしょう。**試行錯誤することによって、自分の考えていることに気づき、自分が本当はどうしたいのかを探し始めるのです。**

「自分で考えて、自分で行動する」、こんなシンプルなことですが、知らず知らずのうちに「誰かの考えに従い、誰かのために行動する」ことを、繰り返してしまいます。この繰り返しは、問題を一時的に解決してはくれるのですが、自分の軸からは次第に離れてしまいます。

子どもたちには、こんなことを説明してもまだ理解にはつながりません。それよりも、こういった「時間を決める」「チームを決める」といった繰り返しの中で、「自分はどうしたいのか？」に気づく練習をする環境を提供しているのです。

この時間に何が起きていた？

物語 6

　さくらちゃんが黙り込んでいると、近くにいた女の子が顔を覗き込んできました。中学生のサキちゃんです。サキちゃんはこのセミナーに何度も参加していて、頼もしい存在です。

「さくらちゃん、一緒のチームになろうか」

　サキちゃんから声をかけられ、ホッとしました。サキちゃんなら、しっかりもののお姉さんという感じで、一緒にいて安心します。

「うん」

とさくらちゃんはうなずいて、答えました。

「じゃあ、他は誰と組みたい？」

　サキちゃんから聞かれましたが、誰と組んでいいかわかりませんでした。首をかしげて、黙っていると、

「はい、30分経ちました」

とコールがありました。

見渡してみると、チームらしいチームができたのは１組だけ。あとは２、３人が組んだチームばかりです。

「１チームできました」

できたチームの中で一番年上の、中学生のお兄さんが手を挙げました。

シバシバはその様子を見て、こう聞きました。

「できたのか？」

「はい」

「欲しい結果は創り出せたのか？」

欲しい結果……？　この状況は私の欲しい結果なのか??　そう考えると、「はい」とは言えません。

「そうか。では君たちの欲しい結果は何だっけ？」

と再びシバシバが尋ねました。

「えっと……」

お兄さんは返答につまりました。

「君たちに伝えた欲しい結果は、４つのチームを作り出すこと。どうだ？　作ったのか？」

「いえ、作れませんでした」

「どうしたかった？」

「時間内にチームを作りたかったです」

「この30分、何が起こっていた？」

シバシバはさらに、みんなに聞きました。

「意見があんまり出てこなかった」

「協力できてない人がいた」

「まとまらなかった」

次々といろんな子どもたちから意見が出ます。だけど、シバシバは、首を振ってこう返しました。

「誰かのことじゃなくて、自分の中で何が起きていたのか教えて」

さくらちゃんはふと考えました。自分から誰かに「チームを組もう」と声をかけられませんでした。でもどうすればいいかわからなかったし、誰かから、声をかけてもらえると思っていたのです。それがよくなかったのだろうか。さくらちゃんはどうしたらよかったんだろうと、考え始めました。

「もっとみんなから意見を聞けばよかった」

「合ってるかどうかわからないけど、言えばよかった」

「恥ずかしくて言えなかったけど、勇気を出せばよかった」

みんなが、少しずつ自分のことを言い始めました。


「で、君たちはどうしたいんだ？」

シバシバはもう一度、聞きます。

「あと、30分下さい」

「下さいじゃない。ボクは時間の持ち主じゃないよ」

「もう少し、チームを作るために時間をかけたいです」

「わかった、どれくらいの時間で作り出すんだ？」


こうして、再びチーム作りがスタートしました。

物語⑥から学ぶ

再び チームを作り始め、また停滞してまた時間切れ。こんなことを何度も繰り返すことがよくあります。

「この時間に何が起こっていたのか?」

こう聞くのは**決められなかったことを責めているわけではなく、反省させるのでもなく、ただ事実を振り返るためです。**

「意見があんまり出てこなかった」

「協力できてない人がいた」

「まとまらなかった」

子どもたちの意見に対し、「誰かのことじゃなくて、自分には何が起きていたんだ?」と聞くと、子どもたちはうつむき気味になり、次第に言葉が出なくなっていきます。決して責めているわけではないのに、全体が反省モードになります。

時には時間をとって、全体でミーティングをすることもあります。「自分が作りたいチームを自分で決める」ことを通して、子どもたちは「自分が主人公を生きる難しさ」に直面するのです。

このグロースセミナーは子どもたちが主人公です。何事も子どもたちが自分で決めていきます。ボクたち**大人が、こうしろ、ああしろと命令や指示はしません。何度でもいつまでも、彼らが「自分で決める」まで待つことにしています。**

子どもたちは最初、戸惑います。20人以上が共に過ごすわけですから、チームや全体の意思を決めるには話し合わなくてはいけません。

中には影響力のある子に従ったり、ボクの顔をうかがったりする子どももいます。だけど、それでは真の自立にはつながりません。

だからこそ、「この場を創り出しているのは自分」という当事者意識を持つことが大事なのです。簡単なことではありませんが、そのことを意識し始めるきっかけを作ることは重要です。まどろっこしいようですが、こういった関わりは、「自分で決めるための環境」を創るために必要なことなのです。だから、**欲しい結果を創り出したとしても、欲しくない結果を創り出したとしても、それが「自分で決めたことの結果である」ことを受け取る大事な練習になっていく**わけです。

目の前にある結果を、事実として認めていくことも、自立への大事なプロセスです。これは、子どもに限らず、大人にとっても全く同じことがいえるのです。

自分という存在は唯一無二です。どんなに自分の存在価値がないと思っていたとしても、この世に自分という人間が存在していることで、周りに何かしらの影響を与えています。その自覚を持つこと、つまり**自分の人生の主人公は自分であるということを認めることが自立への大事な一歩といえる**のです。


「運が悪かった」

「上司がもう少し自分を理解してくれさえすれば」

「家族が、私の苦労や大変さを少しでもわかってくれたら」

「子どもが、もっと自分のことをやってくれたらいいのに」

少し、厳しいようですが、この状況を創り出したのは、自分自身である、という立場に立つことで、自分の成長のために大切なことが見えてきます。でも、これは決して「自分が悪かった」という意味ではありません。

「子どもが学校に行かなくなってしまったのは、私のせい」

と言うお母さんが結構います。

自分を悪者にして、何か解決するのであればいいのですが、そうはいきませんね。

ただ、過去の自分のどんな選択が、あるいは、どんな考え方がこの状況を創り出したのかを振り返ることには価値があります。

今、目の前に起きていることは紛れもなく自分自身の過去の選択の結果である、というとら

え方は、厳しくつらいかもしれませんが、「自分が主人公を生きる」練習として役立ちます。


「上司が理解してくれない」ではなく「自分はどうしたかったのか？」。

「家族にわかってほしい」ではなく「家族を理解していこう」。

「子どもに自立してほしい」ではなく、「そのために私は何ができるだろう」。

こんなふうに考えることで、自分の欲しい結果を誰かに依存するのではなく、自分で創り出していけるようになるのです。

「自分で決めること」の次のステップは、「お互いを認め合うこと」

物語 7

何度も話し合ってもチームはなかなか決まりません。チーム決めをスタートしてから1時間半近く経っていました。

さくらちゃんも疲れが出てきました。早く涼しいところに入って、休みたい。そう思った矢先、シバシバが大きな声を出しました。

「おい、リーダーは何を待っているんだ。おまえたちは何をしているんだ？　自分で作り出せ」

リーダーは中学生のお兄さん、お姉さんたちです。そのうちの1人がさくらちゃんに声をかけてくれたサキちゃんです。

リーダーは、「はい！」と立ち上がり、それぞれ、散らばりました。さくらちゃんのところに、サキちゃんがやってきました。

「私は、さくらちゃんと一緒のチームになりたい。さくらちゃんはどう？」

「どういうチームを作りたいかを考えようか。自分が誰と組んだら、楽しく過ごせるか、力を合わせられるか、考えてみよう」

さくらちゃんは考えました。男の子と女の子のバランス、初めての人と何度も来ている人が一緒のチームであること。

自分とサキちゃんは2人とも女の子だから、あとの2人か3人は男の子のほうがいい。

「1人は何度かこのセミナーに来ている男の子がいいと思う。あとは私みたいに初めて来た男の子……かな？」

こんなふうに他人にきちんと意見が言えたのは初めてでした。何度も来た子ばかりの中に自分一人だけ初めてというのも不安だったし、初めての子ばかりだと、この先、どうしていいかわからないことが起きた時に困ってしまいそう。シバシバが言う欲しい結果というのは、自分にとってはこういうことなのかな?とさくらちゃんは納得し始めていました。

そしてサキちゃんが声をかけたのは、このセミナーに参加するのは2回目という中学2年生のこうじくん、髪形がかわいい小学5年生のみどりちゃん、そして、さっき草むしりをしていた小学1年生のたかあきくんでした。

そこでようやくできたチーム。

「作りたいチームはできたか？」

シバシバが聞きました。

「はい」

みんなと一緒にさくらちゃんも大きな声で返事をしていました。自分でもこんな声が出るとは驚きです。

「じゃあ、そのチームは誰が作ったんだ？」

「みんな」

「自分」

声が飛びかいます。

「どっちなんだ？　みんなと自分、どっち？」

シバシバの口調は穏やかでした。

「じぶーん」

みんな声をそろえて答えました。

物語❼から学ぶ

「誰が決めた？」

「自分」

このやり取りはグロースセミナーのおきまりの問答です。「みんな」とか「誰か」ではなく、「自分」が決めたということを自覚するためです。

これから5日間、子どもたちは自分で作り出したチームのメンバーとともに、「自分で決め、自分で行動し、自分で欲しい結果を創り出す」という自立のプロセスを体験していきます。

繰り返しになりますが、**時に困惑し、試行錯誤をするのは、自分で考える力を養い、心が育ちます。**「自分で決めること」は、当然それだけでは済みません。自分以外の意見の人が一人でもいれば、自分で決めたことだけをやっていくわけにはいかないのです。「自分で決める」ことの次のステップは、「お互いを認め合うこと」です。自分と違う意見を聞き、その意見と自分の意見の違いを理解し、それをどう折り合いをつけていくのか。大事な「コミュニケーション」というステップがあるのです。

試行錯誤し、自分の考えを探し、どのように人と協調していくのか。つまり試行錯誤は人と人とをつなぐ大事なプロセスともいえるのです。

グロースセミナーでは、どんな些細なことも子どもたち全員で決めます。どのテントに誰と一緒に寝るのか、実習をやるのかやらないのか、自分はどうしたいのか。子どもたちは迷いながらも、自分で決めていきます。たとえ、全員と違う意見を持っていたとしても、それは尊重され、皆で耳を傾けます。そして、最後に決めるのは、「自分」。こういったプロセスを、体にしみ込ませるまで、ボクは「それで、君はどうしたいんだ？」を繰り返すのです。

家庭でも、みなさんが子どもに対して「自分で決めなさい」と言うことはあるでしょう。でも、**子どもが決めたことは、どれだけ尊重されているでしょうか？** 例えば、「宿題をやるのかやらないのか、自分で決めなさい」と言いながら、「お母さんは、宿題をやったほうがいいと思うけどね」と誘導してみたり、子どもが「やる」と決めたとしても、「本当にそれでいいの？」とやんわり否定したり、「どうなっても知らないからね」と脅したりする。これでは、「決める」ことの練習にはなりません。自分で決めることは自立への一歩ですが、決めるための環境を創るのは親の仕事です。ですから、**子どもの自立を目指すのであれば、子どもが決めたことを尊重するという、「親の覚悟」が必要になるのです。**

今日からでもできることは、

・何時までに風呂に入り、歯を磨き、寝るのか？
・明日の準備はいつするのか？
・習い事の水泳、進級テストに合格するために今必要な練習は何か？
・友達とのけんか、どうやって仲直りするのか？

など、いくらでも決めることはあります。家族のこと、家庭内のことなどにも広げていきたくなりますが、まずは子ども自身のことから始めましょう。できれば、「決めさせる」のではなく、「自分で決める」習慣がつけられるといいでしょうね。そのためにも、親は、子どもが決めたことを「尊重する覚悟」をするのがとても大事なのです。

さて、**あなたはどれだけ、自分のことを自分で決めている実感がありますか？**

第3章

それをすると、どんないいことがありますか？

「したくないこと」の奥にある、「したいこと」を知る

物語 8

セミナー2日目。起床は5時です。昨晩はグループのリーダー、サキちゃんと一緒にテントで寝ました。テントを張って、家族以外の人と一緒に寝るのは初めての経験。ドキドキもしましたが、一人っ子のさくらちゃんは、お姉さんができたみたいでうれしくも思っていました。

テントの外に出ると、ちょっと肌寒く感じます。うすくもやがかかっていましたが、十勝平野を見下ろす雄大な景色は、今まで見たこともないものでした。

テントを片付け、荷物を整理して、集合。シバシバがみんなの前でこう言いました。

「今日は山に登る実習を予定しています。この山は急斜面や岩場があり、途中で道がなくなっているところもある。クマザサが生い茂っていて道をふさいでいるところもあります。山の奥には、クマの巣穴もあります」

クマの巣穴？　そんな恐ろしいところに今から登るの？　さくらちゃんは怖くな

ってしまいました。それでなくても山登りは気が進みません。体力にも自信はないし、みんなについていけるか心配です。

シバシバはさらに続けました。

「この山は、いつも雲に覆われていることから、〝白雲山〟と名づけられています。でも、運がよければ、頂上から然別《しかりべつ》湖《こ》が一望できます。絶景です。この山に登るのかどうかを決めます。まず、チームで一人ひとり確認をします。一人ひとりがどうするのかを決めたら教えてください」

シバシバがそう言うとみんなで話し合いました。

「大変だけど、いろんな鳥の鳴き声も聞こえる。頂上からは湖が見下ろせるよ」

リーダーのサキちゃんは、そう言って安心させようとしてくれました。登ればきっと楽しいことがたくさん待っているのかもしれないけれど、登るのはしんどそう。疲れるのは嫌だな、と、さくらちゃんは内心思っていました。

「さくらちゃんはどうしたい？」

サキちゃんが尋ねます。

「登るの、自信がない……」

「どうして？」

「今までそんな山に登ったことがないから」

「じゃあ、どうしたい？」

「うーん……」

「一人で、ここで待っている？」

「それはちょっと……」

「じゃあ、どうしたい？」

一人で待っているのは嫌だ。できれば自分も一緒に登りたい。だったらどうしよう。やっぱり登りたいと伝えるか……。

どうしたらいいのかわからなくなっていると、シバシバはこんな質問をしました。

「今日の午後にはこの実習が終わる。もし怖くて登れないというのなら、その時に『怖かったから登らなかった』と言う自分と『怖かったけどやり遂げた』と言う自分と、どっちの自分に会いたい？」

さくらちゃんは考えました。

「怖いからやらなかったって言う自分と、怖くてもやった自分……」

そして、決心をしました。

「怖くてもやり遂げた自分に会いたい」

物語❽から学ぶ

ボクはこの白雲山の頂上までの様子をきちんと伝えます。木の根が露出して歩きにくかったり、岩場があって低学年では乗り越えるのによじ登ったりするような場所もあること、また、クマが山道をふさいでいて登山者が先に進めず困ったことがあることも。もちろん事前に安全は確認していますが、クマがいるということも伝えます。同時に、クマは臆病だから、元気に声を出したり、みんなで歌ったりして人間の気配があれば出てくることは滅多にないことも伝えます。そのうえでどんな素敵な体験ができるのかも詳細に伝えます。登山することで、楽しいこと、危険が伴うことを伝え、そのうえで登るか登らないかは、子どもたち自身が決めていきます。チーム内で意見が分かれたら、チームのみんなで話し合います。つまり、**「みんなで登ること」が目的ではなく、グロースでは「自分がどうしたいのかを考え、それを自分で決めること」を大切にしているのです。**

普通のキャンプなら、例えば、「登りたくない」という子どもがいたとしたら、団体行動ですから、なぜ登りたくないのかを聞いたり、「登らせる」ために励ましたり説得したりするかもしれませんね。でもボクは「どうして?」とは聞きません。そもそもボクは「したくない」ことにはあまり興味がないのです。その子が「どうしたいのか?」にいつも関心を持ちます。

「登りたくないのか。じゃあ、どうしたい？」

初めて参加する子どもは、他に何ができるのかわからないし、だから自分がどうしたいのかもわかりません。答えられない子どもには、いくつかの選択肢を与えます。例えば、「このロッジには人っ子一人いなくなるけど、一人でみんなが帰ってくるまで待つ」もしくは「東京に帰る」という選択もある。ほかにも、したいことがあれば受け入れることを伝えます。

もしも一人で待つと言ったら、「ＯＫ、一人で待つんだね？　じゃあ登りたくない理由を教えて」と聞きます。ボクはその子が答えたことは尊重したいので、「なぜ？」「何で？」「どうして？」という聞き方はしません。

親は、何気なくこういった聞き方をすることがありますが、**実は、「聞いて」いるのではなく、否定して「問いつめている」ことが多いのではないでしょうか？**　思い出してもらえばわかると思いますが、「何で？」と言っている時、すでにあなた自身には、子どもが答えるべき「正しい答え」がありますね。

ボクは「何で？」ではなくその「理由」を聞きます。だけれども子どもたちはそんなことを聞かれたことがないから、答えられずに黙ってしまう。そんな時はボクはひたすら待ちます。すると、子どもたちはぽつぽつと「疲れるから」とか「怖いから」と口にする。それに対して、ボクは「そうか、それが理由で登りたくないんだね。じゃあ登りたくないというわけではなく、本当は登りたいけど『怖いから嫌だ』ってことなんだね？」と確認します。

「登らない」ということと、「怖いから登れない」というのは意味が違います。詳しくいえば、前者は自分の選択で「登らない」ということで、後者は「本当は登りたいけど、怖いから登りたくない」ということ。

大人でも、「〜が嫌だ」「〜をしたくない」「〜できない」を言葉にすることはよくありますね。例えば「あの人と話すのは嫌だ」「家事をしたくない」「もうこれ以上はできない」など。例えば「家事をしたくない」と言う場合、「家事をしない」のか、「少し疲れているから家事を休みたい」のか、自分に聞いてみることで、自分の本当にしたいことが見えてきます。

以前、こんなことがありました。ある20代の女性が、おばあちゃんとの関係がうまくいっておらず、言いたいことが言えず「おばあちゃんのことが嫌いだ」と言っていました。おばあちゃんが厳しく何かと自分の行動に口を出し、何をやっても否定ばかりするというのです。

ボクはこう質問しました。

「あなたはどうしたいの?」と聞くと「言いたいことを言ってやりたい」と強い口調で言いました。

「言いたいことってどんなこと?」と聞くと、彼女は「おばあちゃんなんか嫌いだ、いなくなってしまえばいい」と言いたいと。

「それを、おばあちゃんに言いたいんですか?」

「はい」

「なるほど、じゃあ、それを言うとどんな気持ちを味わえそうですか？」

こう聞くと、彼女は、しばらく考え込んで、こう言いました。

「そう言えばすっきりする」

「すっきりするんだね。じゃあ、すっきりするのに言わない理由があるとしたら何？」

「うーん、おばあちゃんを傷つけちゃうし、やっぱりそんなことを言ったら後味が悪そう」

「そうだよね。でも、ずっとあなたは傷ついてきたんでしょ？　だとしたら、本当は何が言いたいんだろうね」

「もっと私のことをわかってほしい」

「そうなんですね？　おばあちゃんにしてほしいことはわかりました。あなたがしたいことは何？」

こうしてほしい、ああしてほしいという気持ちのさらに奥深くに、「自分がしたいこと」が隠れています。

本当は何を伝えたいのか、本当はどうしたいのか、それを丁寧に聞いていくと、しばらく考えて出てきた答えは、

「本当はおばあちゃんと仲良くしたい」

「本当は、わかり合いたい」

「普通に世間話をしたい」

と、自分のしたいことに気づき始めます。

本当はどうしたいのか？　このことに気づくことが、実は真の自立にとても重要なことの一つなのです。

「目の前に起きている出来事は、自分が創り出している」という立場に立ってみる

物語 9

全員が登ることを決めて、山登りの実習をやることになりました。不安が完全になくなったわけではないけれども、さくらちゃんは、登ると覚悟を決めたからには、最後まで頑張ろうと思いました。

登山は朝7時頃からスタートします。その前にロッジの隣の建物（食事をする場所のバーベキューハウス）で朝食作り。山頂で食べるおにぎりをそれぞれが作ります。おにぎりを作ったことのない子は、手を濡らさずにごはんを握ったから、ごはんつぶが手のひらにいっぱいついています。

さくらちゃんは、何度かお母さんと一緒に作ったことがあります。お母さんは最初に手を濡らして、塩を手にまぶしてから、温かいごはんを手に取って握る……。一生懸命やり方を思い出し、「熱い熱い」と言いながら握り、まあるいおにぎりが2つでき上がりました。具は梅干しとしゃけです。

リュックには、雨合羽、ノート、筆記用具、配布されたドリンク、そして、自分で作ったおにぎりが入っています。20分かけて登山口まで移動すると、他のチームの小学1年生のりくくんが、「帽子がない」と言い出しました。

グロースセミナーでは、熱中症対策や安全のために帽子とバンダナを身に着けることが、全員の約束になっています。

「どうしよう……」

りくくんは今にも泣きそうな顔をしています。

するとシバシバは、その男の子がいるチーム全体にこう声をかけました。

「何が起きているんだ？」

チームリーダーのともきくんが、「帽子を忘れたみたいです」と答えます。

申し訳なさそうに言うのは、リーダーが、チーム全員の持ち物の確認をすることになっていたからです。

「そうか、帽子は必要だからロッジまで取りに戻らなきゃならないな。でもその前に……」

シバシバが話し始めました。

「ともき、今どんな気持ちだ？」

答えに困っています。

「今感じている気持ちは、味わいたい気持ちなのか、味わいたくない気持ちなのか、どっちに近い？」

「……味わいたくない気持ち」

「そうか、じゃあ、こんな気持ちを繰り返さないためにも、このことからきちんと学ぼう、いいか？」

「はい」

するど、シバシバは、チームに向かってこう言いました。

「この状況を創り出したのは誰？」

チームのみんなが真顔で「自分」と答えていました。

「そうだな、忘れたりくだけじゃなくて、このチーム一人ひとりが創り出した結果だな。この状況を創らないために、何かできることはあった？」

「自分のことだけじゃなくて、みんなのことも考えればよかった」

「もっと声がけができたかも」

「早く用意できていたから、りくのことを見てあげられた」

「そうだな、振り返ってみれば、いろんなことができたことがわかる。そのことに気づけば、二度とこんな状況を創らないで済む。だから学ぼう。学ばないと何度も繰り返すことになる、いいか？」

全員「はい」と元気に答えました。

さくらちゃんは、チームのみんながシバシバに叱られるのかと思ったのに、そうならなくてびっくりしました。

「繰り返さないために学ぶっていうの、初めて聞いた」

「で、この状況をどうしたいんだ？」

シバシバがチームに聞きます。

さくらちゃんは、「いったいどうするんだろう？」とハラハラしながら、その様子をじっと見ていました。もし、自分だったら、どうするか。取りに帰るしかない、でもその間、みんなを待たせることになる。そんなことになったら、みんなに申し訳ないと思うだろう。あの男の子はきっと、今、「どうしよう、どうしよう」って思っているに違いない。

さくらちゃんがかたずをのんで、様子をうかがっていると、チームリーダーのともきくんが、

「りくと一緒に取りに行きます」ときっぱりと言い、すぐに２人でロッジまで駆け下りていきました。

さくらちゃんは、学校の遠足で忘れ物をした友達のことを思い出していました。

「あれだけ、何回も持ち物をちゃんと確認しろって、言ったのに？」と先生に強く注意されていました。さくらちゃんとグループが一緒だったその友達は、とっても申し訳なさそうにしていたし、少し泣いていました。

でも、シバシバは誰のことも責めません。

「何を学んだのか」とか「どうしたいんだ？」と、聞くだけです。

しばらくして息を切らして帰ってきた2人にシバシバはこう問いかけました。

「ともき、りく、2人ともあの味わいたくない気持ちを繰り返さないために、これから何ができそうだ？」

ともきくんはしばらく考え込んで言いました。

「大丈夫と思っても、みんなに大丈夫かどうか聞くようにする」

「そうか、みんなの力も借りるといいかもしれないな。ほかのみんなは何かいいアイディアはある？」

みどりちゃんが立ち上がって「『忘れ物ない？』って声をかける」と言いました。

さくらちゃんは、「誰もあの子のせいにしないいんだ」と感心しました。

物語❾から学ぶ

「帽子がない」
「バンダナを忘れた」
「ノートが見当たらない」

毎年、よくあることです。でも、ちゃんと持ち物を持って、全員が時間通りにそろって、何事も問題なく行動することが「いいこと」なわけではありません。

かえってこういったことが起きた時は、子どもたちだけでなく、ボクたち全員にとって大事なことを学ぶとてもよい機会になるのです。**目の前に起きたことは、その場にいる全員で創り出した一つの結果なのです。誰のせいなのか、ではなく、このことから何を学べるのか、が重要なのです。**

学校などの集団生活でこのような事態が起きたら、周囲はどう思うでしょうか。

・しっかり確認しろよ
・おまえのせいで出発が遅れるだろう
・自分には関係のないことだ

多くの場合は、忘れた、もしくは無くした本人だけを責めることになるかもしれません。

さらにエスカレートすると「いっつもおまえだな、だからだめなんだよ」とか「おまえのせいだぞ」と責められるかもしれません。使う言葉は違えども、親が子どもについ、言ってしまいがちなパターンです。

ボクは**「この状況を創り出しているのは自分」という当事者意識を持つことを大事にしています。**よいこともそうでないこともすべて、です。同じチームの子どもが忘れ物をしてしまったら、それはその子どもだけの問題ではない。忘れ物をした仲間がいる、という状況を創り出したのは、チーム全員で創り出したこと、つまり一人ひとり全員の責任だということです。

ここで「責任」について触れておきます。

責任と聞くと、どんなイメージがありますか?と聞くと、多くの人は「責任は重圧」「責任は取りたくない」「プレッシャー」などと答えます。責任には、そんなイメージが付きまといますね。

何かうまくいかないことが起きれば、すぐに「原因は何か?」「誰のせいなのか」に真っ先に意識が向いてしまいます。自分が原因であれば、なおさら窮屈な思いをし、逃げ出したくなるのではないでしょうか?

ボクが開催している大人向けのセミナーでも、この「責任」はとても大事なこととしてメッセージを伝えています。

ボクが伝えている**「責任」の意味は、「目の前に起きていることは、どんなことであれ、自分が創り出している」という自分軸の立場に立つこと**です。

「責任を取る」という言い方ではなく、「責任は誰にもある、そしてその立場に立って物事を真正面から見る」つまり、「自分の軸に立つ」ということなのです。ですから、犯人探しをするわけでもないいし、誰かを責めることでもない。もちろん、自分を責めることでもありません。

「責任」は、自分の軸を持って生きるうえで、とても大事な意識なのです。

１年生の男の子は、このことを繰り返さないために何ができたのか？　チームの一人ひとりは、何ができたのか？

「一言、声をかけていれば」「お互いに確認していれば」、今、目の前に起きている事実を創り出さなくて済んだかもしれません。「起きたことから学ぶ」、これが責任です。

「誰のせいか」と原因追及するのは、ごく当然のこととして誰もがやるでしょう。世界で起きている事柄から、職場や身近な人間関係のトラブルまで、自分にとって不都合なことが起きれば、誰もが「何が原因だったのか？」「誰のせいなのか？」と原因を探します。原因を突き止めることによって今後の対応をしていくのですから、これはこれで大事なことです。

ただ、一方で、この**原因探しは、誰かを否定・批判することで責任を押し付けることにもつながります。実は、このやりかたでは真の問題の解決にはなりません。**もちろん、自分に原因があっても同じこと。自分を否定し批判し、果てには「自分はなんてダメな奴なんだろう」と落ち込むだけです。

小さい頃、ボクたちは気に入らないことがあれば、お母さんやお父さん、兄弟姉妹のせいにしました。それで憂さを晴らしたり、誰かにかばってもらったりして、一時的には解決しました。しかし、実はそこにある根本の課題は先延ばしにされたままなのです。つまり、**そこから学ぶというプロセスが、おろそかにされているわけです。**

学ばなければ何度だって、同じことを繰り返します。また同じ嫌な気持ちを味わってしまいます。「それも大事な経験だ」と言ってしまえばそれまでですが、**何か人生を豊かにするための学びが、そこに隠されているのかもしれないという視点は、自分を成長させるために、とても大切なことなのです。**そこに起きたことにどんな意味があるのか、自分に何を教えようとしているのか、もっとよい状態を創り出すために自分はどんな一歩を踏みだせるのだろうか、などなど。

誰かを批判し、誰かを責めて問題が解決するのなら、これからもっと大いに他者批判をしていけばいいのです。でも、そんなことしたって、解決はしませんね。

問題解決するだけじゃなくて、**そのプロセスから何を学び取るのか**が重要なことなのです。

①忘れ物をした子には、

1．「忘れ物をしてどんな気持ち？」
2．「そんな気持ちを味わわないためには、これから何ができる？」
3．「それをすると、どんないいことがありそう？」
4．「そして、どうしたい？」

こんなプロセスでゆっくりと考えてもらいます。

さらに、**それを創り出したのは、この男の子だけではなく、この男の子に関わっているチーム全員、ひいてはグロース全員（ボクを含めて）で創り出したこと**なのです。

②次に、チームに問いかけます。

1．「忘れ物をしていることを知っていた人は？」
2．「もしも、少しでも気になっていた人がいたのなら、その時に何ができた？」
3．「忘れ物をして落ち込んでいる人がいるチームの一員でいるのはどんな気持ち？」
4．「本当はどんな気持ちを味わっていたい？」
5．「それを創り出すためには、一人ひとりどんなことができそう？」

③さらに、そこにいる全員に問いかけます。

1.「忘れ物をしたことのある人はいるか？」

2.「そうだね、誰にもよくあることだ」

3.「今このことを目の前に見て何を感じる？　どんなことを考える？」

4.「批判したり、誰かを責めたりするより、大事な何かを学べることがたくさんありそうだね？　この忘れ物事件（あえてこんなふうに大げさに言うことがあります）を見ていて、どんなことでもいいから、何かしら大事なことを勉強できたなぁ、っていう人はいるか？」

（ほとんど全員手が挙がります）

5.「それじゃ、忘れ物を取りに行っている間、各チームで、学んだことを話し合ってみよう」

この①②③の視点は、どんな問題にも適用されるものです。

目の前に起きていることは、それによって自分も何かしら影響を受けます。「気にしない」のもいいのですが、少しだけ自分の軸から眺めてみて**「何を学べるのか？」「自分はこの状況を創り出さないために何ができたのか？」**、**そして、「自分は本当はどうしたいのか？」を探求することは、自分軸を生きるうえでとても価値あること**なのです。

ある30代半ばの会社員とのやりとりを例にとってみましょう。

食品メーカーの企画開発室で、商品開発に携わっている男性です。好きで始めた仕事なのに、上司にダメ出しをされ、しかも、いちいち嫌味がきつい。

「何で、こんなことができないんだ」

「だからおまえはダメなんだ」

を繰り返し言われているそうです。こういったケースは、現代では「パワハラ」として問題にされてしまいますが、いまだによく聞く事例です。こういうケースでは、「上司がダメ」なのですが、受け取る側の人間にとっても、上司のそのような言動に、大事な意味があることを見つけなければなりません。なぜならば、**上司が嫌味を言う状況を創っているのは自分**だからです。

ボクはその男性にこう尋ねました。

――あなたは今の状況をどうしたいんですか？

「仕事は好きだから続けたいけれど、その上司とは関わりたくないです」

――わかりました。関わりたくないんですね。それじゃあ「○○したくない」を「□□したい」に置き換えてみることはできますか？

「うーん、うまくやっていきたいです。あとはできれば嫌味を言われたくない」

――「○○されたくない」のですね。でも、ボクが聞いているのは、「されたくない」ことではなくて、あなたがしたいことは何か?です。あなたはどうしたいんでしょうか?

「上司が認めてくれるようなよい提案がしたいです」


この男性にボクはこの後、こう告げました。

――「よい提案がしたい」んですね? じゃあ、それ、やりましょうよ。


「こうされたくない」と思っている時のあなたの意識は「被害者」の意識です。**被害者の立場に立っていると、その被害の状況を創り出したのは、自分以外の誰かということですからあなたにはどうすることもできません。**「周りによってこんな目に遭わされている」、という考え方です。つまり、「自分ではどうすることもできない」、という被害者の意識になるわけです。


一方で、**その結果を招いたのは自分自身である、という意識の持ち方が「責任」の立場です。**

「あの時に、ああすることも、こうすることもできた」「ああしないこともこうしないこともできた。つまり自分にはどんな選択もできたんだ」という意識です。もちろん、「自分のせいにしろ！」という意味ではありません。シンプルに、**目の前に起きたことは、自分の何かしらの過去の選択によって創り出された、というとらえ方です。**誰だって文句を言われるのは嫌。だけどそれをつい相手のせいにしてしまう。誰にも覚えのあることでしょうが、これが被害者の立場なのです。被害者の立場にいると、学びません。誰かのせいだから。そして、当然学ばないから何度も同じことを繰り返すことになるのです。

「あんな言い方しなくてもいいのに」と愚痴るのではなく、「上司は自分に対して、もっとできると期待しているのかもしれない」と置き換えることもできますね。被害者（他人軸）の立場だと、こうされたくない、こうしてほしくないという発想になるけれども、責任（自分軸）の立場なら、こうしていきたい、こうすることができる、こうしようという考え方にもなるのです。**人生の時間を、誰かの時間として生きるのではなく、自分の時間として生きるように取り戻すことができるのです。**

「達成したこと」だけでなく、「プロセス」も大切に扱う

物語 10

帽子を忘れたりくくんが、帽子を取って登山口に戻ってきました。いざ、山登り開始です。

急勾配《きゅうこうばい》が続く山道は、歩くだけで大変。クマが出てきたら怖いけど、シバシバが大きな声を出していれば大丈夫と言っていました。だから、みんなで大声で歌を歌ったり、しりとりをしたりしながら登っていくので、なんだかとっても楽しくなっていきました。

「なっとう」

「うさぎ」

「ぎょうざ」

「ざりがに」

「に、にんぎょう」

さくらちゃんは、いつの間にかけらけらと笑っていました。

「疲れた、頂上まだ？」

誰かが言うと、

「まだまだ」

とリーダーが答えます。山に登りなれたリーダーが、「あと10分で休憩ね」と言うと、「もうちょっと頑張ってみるか」と思えるから不思議です。

休憩で、持ってきた水を飲み、ほっと一息ついていると、ネイチャーゲームが行われました。ネイチャーゲームは２つあり、１つは、全員で座って目をつぶり、全神経を集中させ、聞こえてくる音を探します。

さくらちゃんも目をつぶって、音を感じることに集中しました。サーッと風が通り過ぎる音が聞こえ、木の葉っぱがこすれあって、ザザザという音がまじりあいます。時々、鳥のさえずりも聞こえました。何の鳥だろう？　どんな姿をしているのかな？　さくらちゃんは図鑑で見た鳥たちの写真を思い出していました。緑色かな？　茶色？　大きさは？　小鳥？　いろいろと想像すると、ワクワクしてきました。

「目を開けて。どんな音が聞こえたかな？」

シバシバが聞きました。

「風の音」
「鳥の鳴き声」
「葉っぱのこすれる音」
「虫の飛ぶ音」

次々と子どもたちが聞こえた音を発表していきます。さくらちゃんも、「鳥が鳴く声」と答えました。

次の休憩場所でやったネイチャーゲームは、自然の中に色がいくつあるかを探す実習でした。さくらちゃんは、道に生えている草を見ていました。夏の時期の草の色は緑と思っていたけれど、緑の草の中にもちょっと白っぽいものもあれば、虫に食われた部分が茶色っぽくなっているものもあります。紫がかったピンク色のお花も見つけました。あれは何という花だろう。今度、学校の図書館の図鑑で調べてみようか。シバシバが、「色の名前がわからなかったら自分で名前をつけるのも面白いぞ」と言いました。

木の幹の茶色、薄緑、濃い緑、紫がかったピンク、土の黒、石の灰色。今で6つ。ぼんやりした緑、トマト赤、汚れたピンク、名無し色、勝手に名前をつけていると、どんどん面白くなってきました。自然にはこれだけの色があるのだと、驚きました。もっともっと面白い色はないかな、その後の登山の途中でも色探しに夢中になりました。

そうこうしているうちに頂上が見えました。出発から２時間。最後は大きな岩をよじ登るようにして登って頂上です。ようやくたどりつきました。

最初は自信がなかったけれども、頂上まで誰にも迷惑かけずに、登ることができました。さくらちゃんは頂上から見た景色にびっくりしました。３６０度見渡すことができて、見下ろすと、シバシバの言っていた湖がはっきりと見えました。何ともいえない達成感をさくらちゃんは味わっていました。

岩場を少し下りたところで、みんなでおにぎりを食べました。こんなにおいしいおにぎりは初めてです。時々、エゾリスが走り回っているのが見えます。怖くて登るのが嫌だなぁって思っていたけど、やってよかったなと思いました。

山から下り、全員の安全を確認してから、ヌプカの里に戻りました。登山口に全員がそろってからシバシバが、「この山に登ることを決めたのは誰？」と問いかけてきました。

さくらちゃんも大きな声で、

「じぶーん」

と答えました。

「欲しい結果は創り出せた？」

「はーい」

みんな声をそろえます。

「その結果を創り出したのは？」

「じぶーん」

「それでは自分とみんなを承認しましょう」

パチパチとみんなで拍手をして、登山したことを喜びました。さくらちゃんにも「自分が登るって決めてやり遂げたんだ」という自信が自然とあふれてきました。

物語⑩から学ぶ

山登りは山頂に到達してゴール、ではありません。頂上でおにぎりを食べ、準備を終えたチームごとに下山です。この山登りの実習で、一人ひとりの個性が見えてきます。それは、必ずしも学校や家族の中では見えていない場合も多いようです。新しい環境で、新しい人間関係が始まり、大自然の中で協力して過ごすことで現れてくるのかもしれません。

それだけでなく、チームの様子を見ていると、それぞれのチーム内の信頼が創り出されていきます。山に登る、という行動の中で、ごく自然に「ここ注意して」と声がけをするなど、自分以外の人を思いやる様子が見えてきます。この時点で、できてまだわずか1日しか経過していないチームですが、一人ひとりがそのチームの中で自分なりの居場所を創りつつあるのを感じるのです。どれだけ長い時間一緒に過ごしていても、信頼が必ず生まれるわけではありません。**人との関係性を深めていくうえで、「その人とどれだけ長い時間一緒にいたか」よりも、「どのような質でその人と時間を過ごしたのか」が、重要であることを実感する瞬間です。**

家族の、仲間同士の、そして職場内の人間関係でも、同じことが言えるでしょう。

あらためて、その場にいるリーダー（保護者、教育者、組織のリーダーなど）は、その質の高い時間を過ごせる環境を、いかにチーム全体に提供していくのかが問われるのです。

下山後に全員を集めて「承認」します。「承認」という言葉は、日常では聞きなれない表現かもしれませんが、グロースセミナーではとても大切にしているプロセスです。

どんな結果であれ、それは自分で決めて、自分で行動して、自分で創り出した結果であることを、全員で承認します。

自分で決めたことをきちんと認める（命令されたのではない）。その決めたことを行動に移したことも認める（誰かに従ったわけではない）。その行動によって何かしらの結果が創り出されたこと（自分の行動の結果であること）。そしてそれがどんな結果であろうとも、すべて自分が創り出したこと（うまくいこうが、うまくいくまいが、その結果を受け入れ、次に生かす）。こういった一連のプロセスすべてを「認める」ことが承認なのです。

ですから、達成したことはもちろんうれしいことですが、グロースでは、それ以上に、このプロセスを大事に丁寧に扱うことにしているのです。

山登りに関しては、「登り切った」ということを認めるのではなく、「山登りをする」と決めたことを最後までやりきった自分自身と、共にそれを創り出したお互いを認めあうということです。

日常生活でいえば、

・お手伝いをしようと決めて、やりきった自分
（やらなかった自分がいたとしたら、そのことも認める）
・1日1枚絵を描くと決めて、途中で投げ出さずに描き上げた自分
（たとえ投げ出したとしても、そのことを認める）
・目標を決めて勉強し、テストで目標点に到達した自分
（目標に到達しなかったとしたら、自分はどうしたいのか？　次にどうしたいのかを考える）

子どもは一人では、このプロセスをしないでしょうから、眠る前のほんの数分、一日を振り返り、親子でお互いを承認していけるといいですね。

大人も同じですが、毎日のルーティンをこなしていると、当たり前すぎて「承認する気になれない」人もいるでしょう。でも、当たり前にやっていることを、その都度、自分はこれをやることを決めてやった、あるいはやらなかったということを、一つ一つ認めていくことは、自分とつながっていくうえで大切な、そして小さな一歩です。

毎日の家事をこなす自分も、
眠くても早く起きて通勤する自分も、
誰かのサポートをしてあげた自分も、

楽しい時間を過ごした自分も、
反省した自分も、
どんな自分に出会っても、一日の終わりに、自分を「承認」していくことは、自分を取り戻し、自分らしく生きていく秘訣でもあるのです。

誰かにほめられるため、認めてもらうために行動するのは、いつか限界が来ます。他者の評価基準はあてにならないし、そもそも人によってその基準は異なります。他者の価値基準に合わせて生きていくうちに、自分が何者かわからなくなる人は多いものです。

自分が自分を認める、このシンプルなことの繰り返しで、本来の自分を取り戻していけるのです。それは、いつからでも始められます。

ボクにとって、この承認のプロセスは、ボク自身が自分を取り戻すうえで重要なことでした。

子どもの頃から、このことを習慣づけられていたら、という思いが、このグロースセミナーが生まれたきっかけでもあるのです。

視点を変えて、物事を客観的に見る

物語 11

ヌプカの里のロッジで少し遅いお昼ごはんを食べ、全員で上士幌にある温泉へと1時間かけてバスで向かいました。広いお風呂にゆっくりとつかって、山登りの疲れを癒やします。みんなでお風呂に入るのも初めての経験。家のお風呂とは違い、大きな浴槽につかって、思いっきり足を伸ばして、さくらちゃんは、体がほどけていくような心地よさを感じていました。

温泉の後は、また移動です。外は日が暮れかかっており、空が赤く染まっています。

これからどこに行くのだろう。さくらちゃんをはじめ、初めて参加する子どもたちはキョロキョロしていました。リピーターの子どもたちは、ワクワクして少し興奮ぎみです。向かった先は上士幌の航空公園わきにある滑走路。待っていたのは、ひげもじゃのおじさんでした。

「おー、よく来たな」

おじさんはヤマシタさんという熱気球のパイロットでした。

「まだ、風が出てるからもうちょっと待ってろ、あと30分したら、風やむから」

今は6時過ぎです。夏とはいえ、あたりは少しずつ暗くなってきました。風はとても強く吹き続けています。本当にやむのでしょうか。ヤマシタさんは黙って空を見上げ、雲の動きを見ています。

ヤマシタさんは気球を膨らませる準備を始めました。熱気球に乗るなんて、もちろん初めての経験です。どんな世界が待っているのか。ワクワクする気持ちが膨れ上がっていきました。

ほかの子たちは何もない芝生の上を走り回って遊んでいます。シバシバも同じように走り回り、「もうダメ～」と倒れこんで、とても楽しそうです。

「シバ、子どもらを集めろ、準備できた」

時計の針が6時半になっていました、夢中で遊んでいてわかりませんでしたが、風はぴたりと止まっています。

ヤマシタさんはそう言って、手招きしました。子どもたちを順番に気球に乗せていきます。

「わー！」

「すごい！」

地上から見上げていると、真っ暗な空にぽっかりと熱気球が浮かんでとてもきれいでした。

さくらちゃんの番になりました。気球がどんどん空に向かって上がっていき、地上からどんどん離れていきます。見送る仲間たちの姿も小さくなり、景色もどんどん変わっていきます。

うわあ、すごい。この景色、お父さんやお母さんにも見せてあげたいな。さくらちゃんは見渡す限りの大自然を目の前にして、そう思いました。さっきまで見ていた山々も気球から見ると全く違う景色に変わるんだ……。さくらちゃんは大きな発見をしたような気持ちになりました。

ロッジに帰り、夕食を終えて、今日あったことをノートに書きます。ノートはセミナーが始まる前に配られたもので、左側には今日、どんなことをしたか、セットアップで決めた目標を達成するためにやる5つのことを今日、どれだけ実践できたかを書きます。

さくらちゃんは、

・山に登って、鳥の鳴き声を聞いた。
・道に生えている花を見つけた。
・山でおにぎりを食べた。
・温泉に入った。

と書きました。さくらちゃんは、もっと友達をたくさん増やしたいと思っていました。みんなが自分の夢や目標を実現するためにとみんなで決めたことは、５つです。

1. 最後まであきらめない
2. 時間を守る
3. 協力する
4. チャレンジする
5. 思いっきり楽しむ

「今日は、あきらめないで全部やった」

「山登りで声をかけ合ったから、協力できた」

「怖かった山登りにチャレンジした」

「すごーく楽しかった！」

さくらちゃんは、ノートに今日の自分を書き留めました。

人と話すのが苦手だから、友達を増やしたいと思っていたけど、今日一日頑張って、気づいたらチームの人ととても楽しく話せている自分がいました。なんだか、うれしくなりました。こちらから話しかけること、意見を言うことはまだまだできていないけれども、笑顔でいることと、どんなことでも楽しむ、体を動かすことは達成できたような気がします。

ノートの右側は、今日あったことを絵にして描くスペースです。さくらちゃんは気球に乗っている自分を描きました。気球から見た景色は心に深く刻まれたのです。

ノートに書いたことはチームのみんなで順番に話します。話したことについて、インストラクターがいろいろと聞いてくれます。さくらちゃんのチームは、昨日、大学生のお姉さん、ほのかさんを選びました。4泊5日ずっと一緒です。ほのかさんは小学1年生からこのセミナーに参加し、大学生となった今はインストラクターとして、毎年、このセミナーのお手伝いをしているそうです。

「さくらちゃんは山で鳥の鳴き声を聞いたのね。どんな鳴き声だった？」

「ピイピイと小さい声だった」

「どんな鳥だったのかな？」

「小鳥？」

「その声を聞いてどんな気持ちになった？」

「かわいいな、どんな鳥さんか見たいなって思った」

「気球に乗ったのはどんな体験だったの？」

「すごく楽しかった」

「どんなところが？」

「上から見ると、みんなが小さく見えて、空を飛ぶ鳥になった気分だった」

さくらちゃんは自分の気持ちをどんどん伝えていきました。自分の思いを人に伝えるのって、楽しい。そう思えるようにもなっていたのです。

物語⑪から学ぶ

熱気球に乗るという経験は普段の生活でなかなかできることではありません。思った以上に小さなかごに乗ること、ガスバーナーから噴き出す猛烈な炎、そしてその音にも驚きます。外の景色を見ることもできないほどに怖がる子どももいますが、それでも、地上にいるボクたちが豆粒ほどにしか見えないこと、広大な十勝平野が夕闇に包まれていく様子、山々がさらに高くそびえたっていること、そして今自分が空にぽっかりと浮かんでいること、バーナーを止めた途端に訪れる静寂など、日常とは全く違った感覚を味わうことができます。

「視点を変えること」は、問題を解決する力を養います。近視眼的になっていると、周りが見えなくなってしまいます。心理学では、自分や物事を客観的に見て認知していくことをメタ認知といいます。簡単にいえば、「見方を変えること」です。見方を変えることは、簡単なようでいて、実は簡単ではありません。ボクたちは固定した価値観の眼鏡を通して世界を見ています。自分の見ている世界が、自分以外の人が見ている世界と、同じとはいい切れないのです。

悩み事を抱えたり、問題に直面したりしてどうしたらいいのかが見えなくなってしまうことは、人生の中で何度も経験していくことです。その時に、視点を変えて物事を客観的に見ることを、熱気球の体験で子どもたちは、それと知らずに学んでいくのです。

「怖かった」「楽しかった」「もう一度乗りたい」と、子どもたちは興奮気味に話します。彼らの心の中に今目の前に見ている世界以外の世界を、心の目で見る力が、こうやって育まれていくのです。

想像する力（イメージ力）と、創造する力、この「２つのそうぞう」は、大人になってものすごく重要です。「見方を変える」ことは、子どもの頃の、「見立て遊び」や「ごっこ遊び」が原点です。

物事を何かに見立てること、置き換えること、仕事の新しいアイディアを生み出す時や、問題を解決していく際に求められる大事な力であることは言うまでもありませんね。

もう一つグロースセミナーでは、一日の終わりにノートを書きます。一日を完了するうえで大事な時間です。

日々を過ごしていると、その日の出来事が忙しく流れていきます。そこをいったん立ち止まって振り返ることで、今日という日が完了するのです。これは「終わり」ではなく、「完了」。**今日を完了するということは、今日の自分をいったん丸ごと受け止めることであり、どんな結果であれ、それを認めることでもあるのです。**そこから何を学び、どんなことに気づいたのか。短い時間でも、そういう時間を持つことで、次へのステップを始めることができるのです。

例えば夫婦喧嘩をしたとしましょう。心がもやもやしたまま寝て、次の日起きても、気分がすぐれないことはありませんか？　なんとなくパートナーと顔を合わせづらい、どう言っていいかわからない、ずるずる気持ちが晴れないまま過ごすことになります。その時の夫婦喧嘩の話を何年も引きずって、「あの時、あなたはこんなことを言った」と険悪に……なんてことも起こりうるかもしれません。

完了するというのは、この争いから何かを学ぶという態度なのです。反省したり、後悔したり、相手を責め続けたりすることは、先に書いたように真の解決には至りません。

「これだけ自分が腹を立ててしまうのは、どんな理由があるんだろう？」

「考えてみれば、同じような反応を今までにも何度も繰り返している。だとしたら、このことから私は何を学べばいいんだろう？」

「私は本当はどうしたかったのだろう？」

つまり、すべて**「自分の創り出したこと」としてこの事実を素直に受け止めていくのです。**なかなか、難しいチャレンジかもしれませんが、何度も言うように、相手のせいや自分のせいにしていても、真の解決にはならないのですから。

感情は、本来十分に燃やし尽くせばいつまでも嫌な気持ちを引きずることはありません。子どもたちを見ていれば、怒って、泣いて、そしていつの間にか笑ったり、ぐっすり眠ったりしています。ところが大人は、感情を燃やさずに心の奥底に閉じ込めるために、いつでも取り出せる感情として、思い出すたびに腹が立ったり、悲しい思いをしたりすることになるのです。否定的な感情が残ってしまうこともあるでしょう。**感情は、「燃やすこと」で昇華します。**いろいろな方法がありますが、幼い頃のようにクレヨンで思いっきりぐちゃぐちゃ描くことは、とても効果的な方法の一つです。ノートに書き留めることも、その日一日を完了することに役立ちます。一日をいったん完了する。そして、また新しくスタートするのです。

第4章

その結果から、あなたはどんな気持ちを味わいたいですか？

「やりたくない」という判断の、後ろ側に隠れている気持ちを探す

物語 12

「これからやることを伝えます」

3日目の朝、朝食が終わると、シバシバが話し始めました。

「今日は、天気もいいし……マウンテンバイクの実習！」

マウンテンバイクという単語が出ると、一斉に「わー！」「おー！」「やったー！」と歓声が上がります。さくらちゃんは、「怖いな」と思い、気が進みません。自転車には乗れるものの、普段乗っているのは、いわゆるママチャリ。前にかごがついていて、スピードもそう出るものではありません。

一度、テレビでマウンテンバイクに乗っている人を見ましたが、急な坂を下りたり、でこぼこした山道を走ったりと、かなり怖そう。実習でやることは、グロースに参加することを決めた時からわかっていたものの、いざ、乗るとなると、「私には無理！」って思っていました。

シバシバはさらに続けます。

「マウンテンバイクの実習は、この高原から坂を下りて、町の公園まで約30キロメートルを走ります。マウンテンバイク、乗りたい人ぉ」

「はーい」

ほとんどの子どもが手を挙げました。さくらちゃんは普段乗っている自転車でも平坦な道しか走ったことがありません。あったとしても家の前のゆるい坂道。なので、乗りたい！と堂々と手を挙げることはできませんでした。

シバシバはこう続けます。

「リピーターはわかっていると思うけど、この実習は楽しいだけじゃない。危険もたくさんある。特に走り出して、最初の5キロは急な下り坂。低学年は手が小さいから、ブレーキを握り続けるのが大変。特に気をつけてほしい。スピードが出すぎると、つい足で止めようとしてしまう。これはとても危険です。だから低学年や、初参加者には、ボクやスタッフが一緒に走りながらサポートします」

「危険」という言葉に、さくらちゃんは身の毛もよだつような思いになりました。自分は小さい子ではないけれども、手は大きいほうではない。ブレーキを握っていられなくなったら、どうなるのか。ケガをしたら、どうしよう……。不安がむくむくと膨らんでいきます。

ほかにも不安そうな表情を浮かべている子もいます。

「上り坂もいくつかある。おまけに、疲れ切って迎える最後の3キロは砂利道だ。石ころがごろごろ転がっていて、ハンドルをとられてしまうこともよくある。道路は、一般道だから、車も走っている。特に東京じゃ見ないような、収穫した小麦を運ぶ驚くほど大きなトラックが通る。だから、やるのであれば、本気でチャレンジすること。いいか、本気だぞ」

　ますますやりたくなくなってきました。怖い、しんどい思いをして、わざわざやりたくない。だけども、ここで「やりたくない」と言うのも、ちょっと逃げているような気持ちになる。さくらちゃんは複雑な感情に頭が混乱し始めました。

「でも、危険なことばかりじゃない。見渡す限りの牧場、スピードに乗って風を切って走る、上り坂をこぎ切った時の達成感、見たこともないようなまっすぐに続く道、色とりどりの畑。みんな士幌じゃなきゃ味わえない。この実習、みんなで創り出していく結果は、チーム全員で協力し合い、中央公園までの30キロの道のりを安全に走りきること。全員でその結果を創る。いいかな、それじゃあ、この実習をやるかどうか、チームで話し合って決めて」

　シバシバがそう言うと、グループごとに話し合いがされました。

――自分はどうしたいのか？　シバシバはいつもそう言う。だったら、「自分はやりたくない」と言ってもいいんじゃないか。

「できればやりたくない」

さくらちゃんは思い切って、言ってみました。

「さくらちゃんがやりたくない、やらないと言っています」

リーダーのサキちゃんがシバシバに伝えました。

シバシバは、ただ一言「わかった」とだけ言いました。

あれ？　やらなくてもいいのかな？とさくらちゃんは、不思議に思いました。

しばらくして、ほかのチーム全員がやると決まった後に、シバシバはサキちゃんに聞きました。

「サキは、どうしたいんだ？」

「私はさくらちゃんと一緒に走りたいです」

「チームのほかのメンバーは？」

「僕も」「私も」と全員が答えます。

「そうか、でも、さくらはやりたくないと言っている。さあ、このチーム、どうしようか？」

みんな答えられずに黙っています。

シバシバがさくらちゃんに尋ねました。

「さくら、やりたくない実習を、無理にさせるようなことはしないから安心して。でも、ボクにやりたくない理由を教えてくれる?」

「………怖いから」

「怖い……そうだよなぁ。確かに怖いかもしれない。じゃあ何が怖いのか教えてくれる?」

「ブレーキがきかなくて、転んでケガするのが怖い」

「そりゃ、そうだ、転ぶのは痛いし怖い。そうか、さくらは転んでケガするのが怖いんだね。じゃあ、怖いことがなければ、やるってこと?」

「???………あっ、はい」

さくらちゃんは思わず口にした自分の言葉にハッと気づきました。

そうか、怖くなかったら、私はやってみたいんだ。

「怖いからやりたくないという気持ちと、でもやってみたいっていう気持ちの両方がある。こういうことって、普段もあるかもしれないね。いつもなら、さくらは、どうするの?」

「怖かったりしたら、やらないと思う」

「そうか、だったら、ここはグロースだ。いつもの自分のままでいるのはもったいないな。グロースだから、やってみる価値はあるかもしれないね。やらないんじゃ、いつもと同じじってことでしょ？　グロースは成長する場所だから。でも、何であれ、自分のことだから、さくらが決めること」

それからもう一つ、と言ってシバシバが話し始めます。

「もし、この実習をやり終えたとしたら、どんな気持ちを味わえそう？」

さくらちゃんは、想像してみました。30キロもの道のりを自転車で走ったこともないし、それをやれるかどうかもわからない。自信がないし……。でも、坂道や牧場の間を自転車で走っていって、怖くてもやりきることができたら、きっと気持ちいいだろうな、と少しだけワクワクしてきました。

「想像してごらん、怖いからやらなかった自分と、怖いけどやり終えた自分。３時間後にはどちらかの自分が中央公園にいるんだよ。さくらは、どっちの自分に会いたいの？」

さくらちゃんはやりきった自分に会いたくなりました。でも不安は消えません。ふと見ると、サキちゃんが近くで、やさしい目で見守ってくれています。

その瞬間どういうわけか、やってみよう、と思いました。そして「やってみる……やる！」と、力強く答えました。

物語⓬から学ぶ

セミナー参加時に自転車に乗れるかどうかを確認し、乗れないという子どもに対しては、夏までに乗れるようにチャレンジするかどうかを確認します。乗れない子どもはほとんど、必死に親子で練習をし、準備して臨みます。ただ、普通の自転車とマウンテンバイクは違いますから、ボクの説明を聞いているうちにひるんでしまう子がいるのも事実です。

何も気持ちや情に訴えかけて、**やりたくないと言っている子どもの意思を変えようとはしません。一人ひとりの意思を確認することで、「自分はどうしたいのか」に気づいてもらえるように、丁寧に問いかけます。**だからボクは、こう問いかけます。

「やりたくないのなら、その理由を教えてくれる?」

やりたくないと言っている子どもに尋ねると、多くの場合は、「怖いからやりたくない」と答えます。

「マウンテンバイクのどんなところが怖い?」

こうやって、**「やらない」「やりたくない」という判断の、後ろ側に隠れている気持ちを一緒に探していきます。**

さくらちゃんのように、「ブレーキが利かなくて、転んでケガをしてしまったらどうしよう」と、思う気持ちは自然です。本人も気づいていないことがほとんどですが、「やらない」と言う時、そこには何かしらの理由が隠れています。丁寧に聞いていくと、そこに隠れている感情や思い、「本当はどうしたいのか」が見えてくるのです。

そして、もう一つ「決める」際に大事なことがあります。実は**「やらない！」とどんなに力強く言ったとしても、実はそれは「本当に決めたこと」にはならないのです。**

大人でもよくありがちなのは、「もう絶対にこんなに食べすぎない、飲みすぎない！」とか、「こんなふうに子どもに感情をぶつけたりしない！」「二度と同じ間違いをしない！」と、心に誓います。でも、どんなに「〇〇しない！」と言ったとしても、本当の意味で決めたことにはならないので、結局また繰り返してしまうことが多いのです。身に覚えのある方もたくさんいるのではないでしょうか？　なぜ、決めたことにならないのでしょうか。

「自分で決める」ことについて、ぜひ覚えておいてほしい大事なポイントは、**「前に進むこと（肯定的な表現）にのみ、決める力は働く」ということです。**つまりどんなに力強く「〇〇しない」と否定的に決めたとしても、残念ながら「決める」という力は働いてはくれないのです。

ですから、「決める」時には、「しないこと」ではなく「やる（する）こと」を決めるように促します。

もしさくらちゃんが「乗らない！」と固く決めたとしたら、その時は、「やらないこと」ではなく「ほかにやること」を決めるように促します。

グロースセミナーの場合は、「留守番をする」ことも選べるし、「車に乗って、マウンテンバイクに乗っているみんなを応援する」こともできます。

「食べすぎない、飲みすぎない」ではなく「健康に注意する」。

「感情をぶつけない」ではなく「穏やかに伝える」。

「二度と同じ間違いをしない」ではなく「注意深く行動しよう」など。

ためしてみてください。「絶対にやらない！」と、「〇〇をやる！」という2つの言葉を、つぶやいてみるだけですぐにわかるはずです。**このわずかなエネルギーの違いによって、人生が停滞するか成長していくか、将来大きな違いとなって現れるのです。**

「乗りたくない」と言っているさくらちゃんは、その瞬間とても孤独です。「自分だけやらない」と言うことは恥ずかしいだろうし、負い目も感じてしまうでしょう。ですからこういうケースでは必ず、ボクは全体に聞くことにしています。

「やったことはないけど、怖そうだから、心配だからって、やりたいことをあきらめたことがある人は？」

するとほとんどの子どもの手が挙がります。そして、手を挙げている様子をその子どもに見てもらいます。自分だけじゃないことに気づき、少しだけ居心地のよさを取り戻すのです。

さらに、さくらちゃんだけに、長くフォーカスが当たっていると、他の子どもたちの中では次第に「他人事」になってしまうことがあります。そのような状況を創り出さないように、些細なことであっても全体のこととして扱います。起きたことはすべて、自分に置き換えて自分のこととして受け止めるのです。

そのために、こういう問いかけは、「さくらちゃんのこと（誰かのことで自分は関係ない）」ではなく、「自分のことなんだ」という気づきにつながるのです。

こういったプロセスも、自分軸を創り出していくための、大切な気づきとなるのです。

物語 13

「目的は何か?」「自分はどうしたいのか?」を自覚しておく

チームごとに分かれ、いざ出発。ヘルメットをかぶり、いよいよといった感じで、気が引き締まります。ハンドルを握る手が汗ばみます。ここから5キロ、下り坂が続きます。初めて乗るマウンテンバイクは、思っていたよりも重たくて、タイヤも太い。ブレーキも大きく感じます。ロッジ周辺で、練習を繰り返しました。そしていよいよ出発です。

ヌプカのロッジをスタートすると、牧場が目の前に広がっています。牛たちがのんびりと草を食べていますが、それを見ている余裕はさくらちゃんにはありません。一気にスピードが増していきます。

「はい、ブレ――――キッ!」

一緒に走っているインストラクターが、大きな声で叫びます。さくらちゃんは慌ててブレーキを握りますが、スピードは増すばかりです。怖くなって足を地面につ

きそうになると、

「足をつけるなー。力いっぱいブレーーキッ‼」

と言われ、さくらちゃんは必死にブレーキを握ります。すると、ようやくスピードが緩んできます。

でも、今度はバランスが崩れそうになって、さくらちゃんはついに止まってしまいました。前を走っていたチームの人たちが、

「みんな、止まって！　さくらちゃんが止まった！」

すると、みんなが道路の端に止まって、さくらちゃんを待ちます。そして、大きな声で「さくら、大丈夫、ゆっくりでいいから！」

だいぶ先まで行っていたチームの人がわざわざ戻ってきてくれます。

「みんなを待たせて悪いな」と思うさくらちゃんですが、怖くてなかなかスタートできません。

インストラクターのほのかさんが、「さくらちゃん、どうしたい？」

そんなこと言われても、わからない、怖い……。

チームのみんなが集まってきます。でも誰も「早くして！」なんて言いません。

「大丈夫だよ」とか、「信じてごらん」とか、「意外と気持ちいいよ」とか、口々に言ってくれます。

しばらくして、さくらちゃんは、もう一度チャレンジしようと思いました。でも、なかなかペダルに足を乗せられません。こぎ出そうとしては、また足をついてしまいます。そして、よろよろと走り出します。

みんなが、「さくら、その調子！」と叫びながら一緒に走り出します。

「ブレーキッ！」と、またほのかさんの声です。

「はい、ブレーキ離して！」

またほのかさんが叫びます。するとすぐにまたスピードが増していきます。怖くなったさくらちゃんが、ブレーキを握ろうとすると、

「まだ、まだ！　我慢！　もうちょっとスピードに慣れよう！」

スピードがどんどん速くなります。怖い。怖いけど、風が……気持ちいい。

「そうだ、いいぞ！　はい、ブレーキ！」

別のインストラクターも声をかけてきます。

1時間以上かけて、ようやく急坂を下り切ることができました。

さくらちゃんは、ほっとしました。

「さくら、やったね」

みんなが近寄ってきて、口々に声をかけてくれます。

やり切った満足感で心がいっぱいになって、さくらちゃんは誰にもわからないようにそっと涙をぬぐいました。

残りの行程も決して楽ではありませんでした。きつい上り坂があったり、また下り坂が続いたり、東京では見たこともないような大きなトラックが通り過ぎたり、そのたびにみんなで声をかけ合って、走り続けました。サキちゃんも声をかけてくれました。乗ると決めたら、最後まで。途中でやめることなど、もうさくらちゃんの頭の中にはありませんでした。

「最後まで走りきるんだ」

自分にそう言い聞かせ、ペダルをこいでいきます。

次第に慣れていき、少しスピードも出せるようになりました。風を切って走ると、見える景色も違います。息が少しあがってきましたが、気持ちよさのほうが上回ります。

乗ってよかった。

さくらちゃんはペダルをこぐたびに思いました。都会では決して味わえない、風の感触。このまま遠くに行きたい気分です。

途中で休憩もして、3時間かけてゴール。足はがくがくしていますが、達成感でいっぱいです。

全員が無事に、士幌中央公園に到着しました。「自分でやると決めたことを、最後までやり切った。自分が欲しい結果を創り出したわけだ。それを承認しよう」シバシバのかけ声で、みんなから大きな拍手が起こりました。

30キロも走り切った自分がいる……さくらちゃんは不思議な気持ちでした。誰かからほめられたわけじゃないのに、なんだかとってもうれしくて仕方ありません。チームのみんなも満面の笑みを浮かべています。さくらちゃんは、誇らしい気持ちでいっぱいでした。

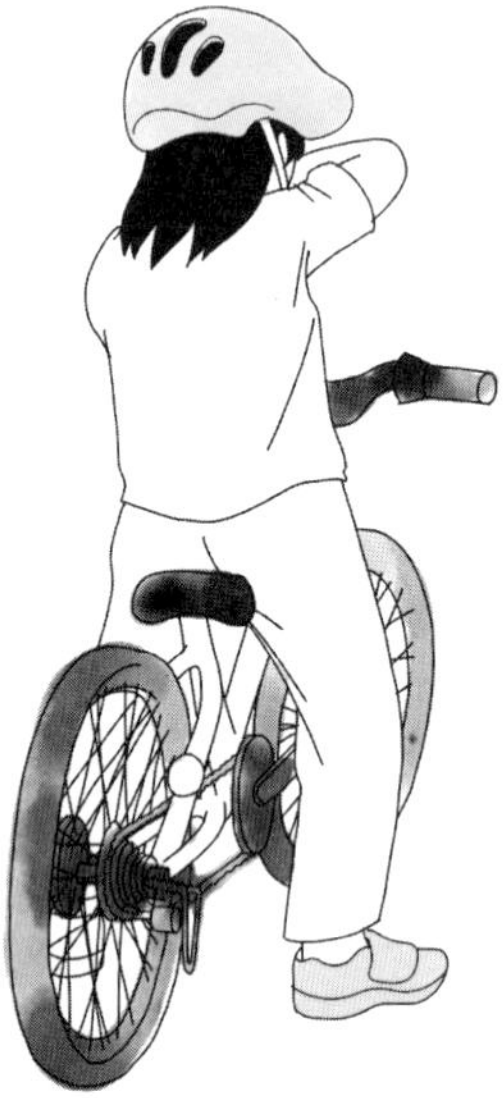

物語⑬から学ぶ

マウンテンバイクの実習は、子どもたちに人気の実習です。でも、ケガと隣り合わせであることも事実です。ですから、本気で決めることが、この実習では特に求められるのです。「自分で決めて、主体的に行動することが大切である」というのは、誰しも知っていることでしょう。しかしながら、**「知っている」ことと「そのように自分が生きている」のとでは、全く意味が異なります。あなたは、どれだけ「自分で決めて、主体的に行動しながら生きているぞ」という実感がありますか？**

家族の気持ちや、親の意向、会社などの組織の持つ意図、ママ友が集まった時の集団の意思など、自分だけでは決められず、主体的ではいられなくなるシーンは現実の中にいくらでもあります。日本の教育は、「主体的である」こと以上に「協調性」が求められる場合が多く、いわゆる「空気を読む」ことが歓迎されるから、というのがその一因です。

ただ、これが極端になることで、「自分軸がブレる」あるいは「軸がわからなく」なってしまうのです。

「自分の意思を尊重し、自分の意思で決める」と言いながら、「自分の意思ではなく集団の意思を尊重することを決めた」という場合もあるかもしれません。でも**「それすらも、それを自**

分で決めたんだ」という自覚があるのか、「みんながそう決めたから従っただけ」というのかでは、意味も結果も全く違ってくるのです。

さくらちゃんのようなケースはよく見かけられます。それでも、「やりたくない」という気持ちを表現したことは、彼女にとってとても大きな一歩でした。

その大きな一歩を踏み出したうえで、さくらちゃんが取り組んでいくことは、「したくないこと」だけでなく、「したいこと」を見つけることなのです。私たちは、問題に直面すると、「どうしたいか」ではなく、「どうすればいいか?」「どうするべきなのか?」と、正解を探し始めてしまう傾向があります。**たとえいい答えを見つけたとしても、それはしょせん「誰かにとっての正解」です。**

「できるならば、自分はどうしたいのか?」「本当は、どうしたいのか?」と、自分の心に寄り添うことは「考える力」を養います。そこには、正解はありません。自分で、自分なりの答えを見つけていくことで、少しずつ自分軸を創り出していくことができるのです。

「本当はどうしたいのか」を知るためには、真正面からその現実に向き合うことが大切です。子育ても仕事も、**それを何のためにやろうとしているのか、その「目的は何か?」「自分はどうしたいのか?」をきちんと自覚しておくことが大切です。**

子どもたちには、「目的は?」という難しい聞き方はしません。その代わり「何のためにやるの?」と問いかけます。そんなこと聞かれても「やりたいからやる」というのがごく当たり前の反応なのですが、あえてボクは聞くことにしています。チームを作ること、テントを張ること、山に登ること、マウンテンバイクに乗ること、どんな実習にも、ボクなりの目的があります。

「子どもたちのため」と言えば格好がつくかもしれませんが、それは「子どもたち自身には関係のない」ことです。**自分の目的が、他者のためにある時、それは偽善や犠牲に変わってしまうことがあります。**

ボクが意図しているグロースセミナーの目的は、「子どもたちの成長を通して、自分自身をさらに成長させ、自分という存在を自分と社会に役立てていくこと」です。でもそれはあくまでもボクの目的であり、その実習に参加する子どもに押しつけるものではありません。ですから、子どもたちも自分なりの目的がなければなりません。というよりも、それを意識することが、自分軸を創る大事なプロセスなのです。**「何のためにやるのか？」「それをしたい理由は何か？」「それをすると、自分にどんないいことが起きそうなのか？」**

子どもたちへの問いかけですが、目的は？と問われるより、このほうが大人でも答えやすいかもしれませんね。

そして、何のために？という目的を問うことと同時にもう一つ大事なことがあります。

「その目的のために生きて、自分はどんな未来を創り出したいのか？」というビジョンです。

その目的に向かって生きることによって創り出されていく世界の「ビジョン」。さくらちゃんには、「やり終えた時にどんな自分がいるのか？」という問いかけをしました。実際にどんな未来が待ち受けているのかはわからないのですが、どうなるのかわからないまま生きる人生もあるし、創り出したい未来を描いて、そこに向かって生きる人生もあります。そして**その**
どちらかを「選ぶ」ことができるのです。もちろん「選ばない」という選択もあるでしょう。
大事なことは、「自分はどうしたいのか？」なのです。

子育ての目的は何か？　**「子どものため」だけでなく、自分にとってどんな意味があり価値があるのか？　そのことによって創り出される（創り出したい）未来は？　ビジョンは何か？**
仕事をする目的は何か？　「会社のため、生活のため」だけでなく、もう一歩進めて、それをする意味は何か？　**そのことが自分の人生にどんな価値をもたらすのか？　そのことによって、自分の未来をどうしていきたいのか？　どんな世界を創り出し、その時にどんな気持ちを味わっていたいのか？**

「目的とビジョン」は、このグロースセミナーだけにとどまらず、誰の人生にも置き換えて考える価値があるものなのです。

あなたは、本当はどうしたいですか？

物語 14

自分を癒やし、気持ちを切り替える「完了」

マウンテンバイクが終わり、公園でお弁当を食べたら、士幌高校へ移動。ここは農業や食品加工で全国的に知られる農業を主体とした高校です。見渡す限りの牧草地のほかに、牛舎、馬牧、そして広大な畑があります。その畑の一角を占めるジャガイモ畑でイモ掘りをします。

はだしで畑に入り、ジャガイモを掘る。もちろん初めての経験です。

土ってこんなにふかふかで軟らかくて、あったかいんだ……。

初めて触れる土の軟らかさと、ひんやりしてるけどやさしい土のぬくもりに、さくらちゃんは、温かい気持ちに包まれていました。土を少しだけ掘って茎ごと引っこ抜くと、ジャガイモが顔をのぞかせます。スーパーで売っているものと違い、地面の下で根っこにくっついたジャガイモが連なって出てきます。

士幌高校の先生たちの指導で、たっぷりと収穫した後に、ヌプカの里に戻ります。

「今日の夕食の準備は、君たちがする。毎食作ってくれているサポーターを休ませてあげよう。食材の準備だけしてもらいました。これから、さっきみんなが収穫したジャガイモで……」と、シバシバが言いかけると、「カレー」「カレーだ！」「やったぁ」と、リピーターのみんなが叫び出しました。

自分たちが収穫したジャガイモを使って、カレーを作ることになったのです。それも、子どもたちだけで。ジャガイモの皮をむくのは、何度かお母さんのお手伝いをしたことがあるので、さくらちゃんがやることになりました。でも、取れたてのジャガイモを洗っていると、なんと、皮がむけていきます。取れたてのジャガイモは皮が柔らかいのでしょうか。皮むき器なんかなくてもスルスルとむけていきます。誰かが、「皮なんかむかなくても新鮮だからこのままでもおいしいんだよ」。さくらちゃんはびっくりしてしまいました。チームで協力して、役割分担を決めて、食材を包丁で切ったり、お肉や野菜をいためたり、煮ている時に焦げ付かないようにかき混ぜたり。

ルウを入れたあと、サキちゃんがチョコレートやインスタントコーヒーを加えるのを見て、さくらちゃんは驚きました。

「こうするとね、おいしくなるんだよ。うちではいつもお母さんがこうやっているの」

サキちゃんはそう言いながら、カレーをかき混ぜました。いいにおいがしてきました。お腹がぐうっとなります。

カレー作りも、全員で90分で作る！と時間を決めました。

インストラクターやサポーターたちは、今夜だけはさくらちゃんたちのゲストです。口出しも、手出しも一切してくれません。ただ笑って見守っているだけです。

「時間は？」

誰かが聞きます。

タイムキーパーを任されている人が、あと何分！と答えます。

カレー作りをしているバーベキューハウス（グロースでみんなで話し合ったり食事をしたりする場所です）に、ものすごい活気があふれています。

「あと5分！」

大急ぎでご飯をよそって、チームの分だけじゃなくて、スタッフのみんなの分も盛り付けます。麦茶を入れる人、食器を並べる人、人数分ちゃんとあるのか何度も何度も数える人、みんなで協力してやっています。

さくらちゃんも、率先してみんなに声をかけています。知らないうちに、「初めて参加したさくらちゃん」ではなく、「一緒にこの体験を創り出している仲間」になった気分です。

「じかーーーん！」

子どもたちも、スタッフも、全員が席についています。

「90分でやると決めたのは誰だ？」

「じぶーーーん」

「欲しい結果は手に入ったか？」

「入ったーーーー！」

「いただきますを言ってくれる人は？」

「ハーイ」

「よし全員で言おう」

「せーの、イッタダキマーーーース！」

完成したカレーは格別においしく感じました。ほかのチームのカレーも食べました。どれもこれもとってもおいしい。家で食べなれたカレーとはまた違った味わいでしたが、自分たちで掘ったジャガイモを使い、自分たちで作ったカレーは、格別です。ごろごろと大きめに切ったジャガイモがホクホクとしていて、「これ、お父さんとお母さんにも食べてもらいたいなあ」とさくらちゃんは思いました。

物語⑭から学ぶ

ある年、こんなことがありました。カレーを食べ終わった後は、いつもボクやスタッフたちで「おいしいカレー投票」をします。優劣は決められないほどどれもこれもおいしいのですが、子どもたちの興奮ぶりは相当なものです。

毎年来ているリピーターのKは、中学3年生でリーダー。準備万端、自信満々でカレー作りに臨みました。投票の時にはグループ名が告げられるたびに歓声が上がりますが、Kのチームの名前がなかなか出てきません。結局、1票も入りませんでした。そのことを楽しめればよかったのですが、Kは責任を感じてふさぎ込み、泣き出してしまいました。チームのメンバーもつられて泣き始め、優勝を喜ぶチームもそれどころではなくなってしまったのです。

その時です。ふと窓の外を見ると、その夜は満月。ブルームーンと呼ばれる大きな青い月が、高原の空に見事に浮かんでいます。

「みんな、外を見てごらん」驚くほどの大きな月に気づき、小さな歓声が上がります。

「K、チームを連れて外に行こう。このことを自然の中で完了してきなさい」

「完了する」という言葉も、ボクはよく使う言葉です。「終わる」というのとは、少し意味合いが異なります。完了は、次に進むためのプロセスです。**腹を立てたり悲しかったりした時に、その気持ちを引きずったままではいつまでも新しい一歩を踏み出せません。「それはそれ」と完了し、意識を切り替えるのです。**もちろん簡単なことではありません。忘れようとしても、いつまでも、時には何年も前のことで腹を立てたり悲しい想いに浸ったりすることは誰にでもあるでしょう。でもそのことを「あの人のせい」とか「自分のせい」と、**いつまでも誰かや自分を責めていても結局苦しむのは自分です。**だから、「それ」を完了するのです。**「それはそれ。過去の出来事に、今の自分が脅かされたり苦しんだりする必要はない。さあ、どんな一歩を踏み出そうか」**と、意識を切り替えるのです。

何度もグロースに参加してきたKは、完了することの大切さを理解しています。グループを連れて芝生の斜面に座り、月明かりの下で話を始めました。他のグループも外に出て静かに話をしています。Kのチームが涙を流しながら真剣に話しています。しばらくすると、Kのチームから時々小さな笑い声が聞こえてきます。子どもたちは子どもたちなりに、このことを一生懸命に受け入れ、乗り越えようとしているようです。20分ほど静かな時間を過ごした後に、「そろそろ戻ろうか」と声をかけると、子どもたちはポツポツと立ち上がり歩き出します。その時です。Kのチームから突然歓声が上がり、大声で笑いながら斜面をゴロゴロと転がりだしたのです。戻ってきた彼らは満面の笑みを浮かべて輝いていました。「気分は？」と尋ねると、「サイコー！」と笑っています。彼らは見事に「完了」し、前に進み始めたのです。

冒険する自分を想像することで、一歩踏み出す勇気が生まれる

物語 15

ごちそうさまをして、片付けを終えた後、夜7時。これからいよいよ、グロースセミナー最大の大冒険、ナイトハイクが行われます。リピーターの人たちも、いつもと違って緊張しているように見えます。

シバシバが静かに話し始めます。

「準備はいいかな？　これから話すことをよーく聞いてください。これから森の中を歩く。チームごとにだいたい2・5キロ。夜の森は、とても神秘的です。そして、正直、とても怖い。森の動物たちの中には、夜行性のものもいるから、ガサゴソ歩き回る音も聞こえます。おまけに、森の中だから照明はない。つまり、真っ暗。懐中電灯は各チーム1本だけ。先頭のリーダーが持ちます。チームに1本、ロープを渡します。チーム全員が縦一列に並び、ロープを右手でしっかりと握る。そうすればチームからはぐれてしまうことはありません。この森の中を、全員が一つになっ

て、歩く。そして実習は最後まで無言。一言もしゃべらない。ゴールは８００歳になるミズナラの大木です。夜になって雨も降ってきた。３日目でみんなも疲れていいます。さあ、この実習をやるかどうか、チームでしっかりと話し合ってください。いいかな？」

「はい」

みんな小さな声で返事します。

シバシバの説明に、手に汗がにじみます。

真っ暗な森は怖い。だけど一方でワクワクもする。まるで、森に迷い込んだ、ヘンゼルとグレーテルみたいだ。もしくはお父さんやお母さんと一緒に見た冒険映画の１コマのようだ。これから始める冒険に、嫌だという子は誰一人いませんでした。

先頭のリーダーが懐中電灯で照らす道を、ロープをしっかり握ってひたすら歩いていきます。懐中電灯がついていないと、目を開けていてもつぶっていてもおんなじです。カサッと何かが動く音がするたびにびくっとします。ポタッポタッと、雨が木の葉に落ちる音も聞こえる。でも不思議なことに、着ているレインウェアにはあまり雨があたりません。森の木が、雨を遮ってくれているのです。いつもよりも風の音が強く聞こえ、緊張がどんどん強くなっていきます。

大丈夫、大丈夫。

そう自分に言い聞かせても、真っ暗闇の中で、足に草が触れるだけで、跳び上がるほど驚き、怖いと感じてしまいます。声も出すことができません。でも、やると決めたからには、最後までやらなきゃ。さくらちゃんは湧き上がる恐怖と戦いながら、ロープを力いっぱい握りしめ、ひたすら前へ進んでいきました。「チームのみんなが一緒だ、怖いのは私だけじゃない。みんなで必ずゴールまで行く！」何度も、心の中で自分に言い聞かせました。

突然後ろの方から、インストラクターのほのかさんの声が聞こえます。

「全員立ち止まって。リーダーは懐中電灯を消して。真っ暗な森の中で、今から5分、そのままでいよう。音を聞いて、何も見えない森を心の目で見ていこう」

ほのかさんがすぐ後ろにいたことも驚いたけれど、このままじっとしているように言われたことはもっと驚いたし、とっても怖い。

立ち止まったまま目を閉じていると、いろいろな音が聞こえてきます。ポタッポタッと重たそうに葉に落ちる雨音、ざわざわと風にそよぐ木々の枝葉、ふーっというチームの誰かのため息、突然、何かの匂いもしてきます。怖いけれど、森の中にいることにワクワクしている自分もいます。それでも、暗闇の中の5分は、さくらちゃんにはとても長く感じました。

ほのかさんが出発の合図をしました。またみんなで歩き出します。雨も上がり、木々の間から空が見え隠れします。1時間ほど歩くと、目の前に大きな木が横たわっています。これが８００歳のミズナラの木です。数年前まではしっかりとそびえたっていたのですが、何度か雷が落ち、倒れてしまったのだそうです。

子どもたちがミズナラの木の幹に乗ると、シバシバが静かに語り始めました。

「ここに、８００歳になるミズナラがそびえたっていました。今、君たちはその倒れたミズナラの木の幹に立っている。空に高く、そして長く伸びた枝は道を横ぎって向こうまで広がっていました。この大木は、もともと太い2つの幹を持っていて、子どもたち10人ぐらいでようやく囲めるほどの太さだった。以前は、聴診器を幹に当てて、ミズナラが水を吸い上げる音を聞きました。川のせせらぎのようだったなぁ。何年か前にその太い幹が雷で折れてしまい、数年前にはついに全部倒れてしまいました。正直言って、ショックだった。想像してみて。この大木がここにあったことを。今はもう倒れてしまったけれど、幹をよく見てごらん。倒れている太い幹からもう何本もの若木が生えています。新しい命が育っているのです。このミズナラは倒れてしまったけれども、森は死なない。こうやってまた再生していくのです」

シバシバの語りに、みんなしんと静まり返りました。

８００年前か……。８００年前って想像つかない。お父さんもお母さんもおじいちゃんもおばあちゃんもまだ生まれていません。想像もできないほど、はるか昔にこの木は生まれ、そして今も生き続けているのです。

すごいなあ。さくらちゃんはミズナラの木の幹に手のひらを当てて思いをはせました。これまで暗い森を歩いてきた恐怖はどこへやら。ミズナラの木に触れていると、大きな力をもらっているような気がしました。

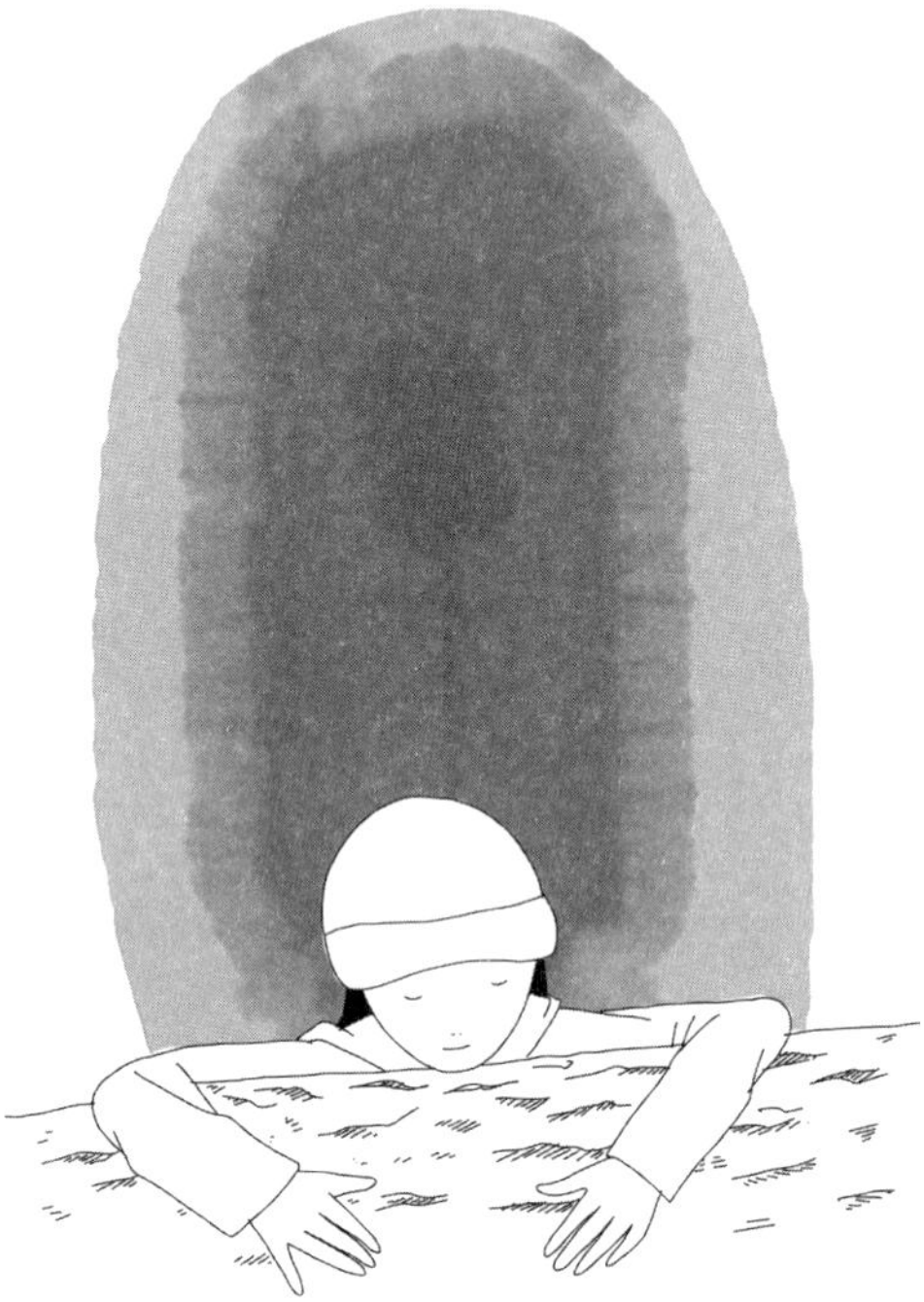

物語⑮から学ぶ

マウンテンバイクに乗ることに恐れをなしたり、ナイトハイクで暗闇を歩くことを躊躇したりする子どもはたくさんいます。それでも、好奇心は旺盛です。まさに怖いもの見たさ、ですね。ただ怖いだけではなく、仲間たちがワクワクしていることを**不思議に思う気持ちが好奇心を生み、冒険する自分を想像することで一歩踏み出す勇気が生まれます。**

でもこれは、その場が**安心で安全な環境であること**が前提です。

子どもたちにとっての社会である学校や、大人たちにとっての職場の環境も、安心で安全であれば、新しいことに踏み出すことは比較的容易です。でも、残念ながら、実際はそうではないことのほうが多いでしょう。子どものうちに、「一歩踏み出しさえすれば、新しい自分に出会える」ことを体験的に味わっていれば、それは大人になってからの人生を支える力になるはずです。その一歩踏み出すための原動力は、心理学では「愛着（アタッチメント）」といいます。親から注がれる愛情が安心につながり、自立して生きていくうえで、大事な心の貯金になるということです。グロースセミナーでも、ほんの些細なことにもチャレンジする機会が与えられます。

例えば食事の時に出されるトマトをはじめとする野菜、納豆は、苦手な子どもが結構います。それをボクが知ると（リピーターの子どもたちが情報屋になることが多いのですが）、チャレンジが始まります。

グロースセミナーでは、なぜかチャレンジする子どもが続出します。チャレンジが始まると、一気に注目が集まります。そこにいる全員が見守ります。

「さあて、○○、トマトチャレンジ、やってみるか？」

そう聞くと、じっとトマトを見つめ、ためらいながら「うん」と口に入れます。家では、どんなに食べなさいと言っても、そんなチャレンジをすることはないでしょうね。そして、ゴクンとのみ込んだ瞬間に、ワ――ッと歓声が上がります。その子は、全員から祝福され大拍手で承認されます。一見気持ち悪そうな表情をしながらも、まんざらでもないような満足感にあふれているのが伝わってきます。また、別のテーブルでも、「シバシバ、□□がレタスチャレンジ！」。すると全員がまた注目する。こんなチャレンジの連鎖が始まるのです。

毎年、セミナーでは、一瞬にして子どもたちが成長し、大人になったなと感じる瞬間があります。子どもたちは、今、起きていることに真正面から向き合い、それを認め、受け入れて、そして完了するのがとても上手です。

一歩踏み出すことで、新しい自分に出会える。

大人になるにつれ、過去の傷ついた経験から、その一歩を先延ばしにしたりあきらめたりすることが多くなります。

いくつになっても、一歩踏み出した先に、新しい自分がいることを、あなたも子どもの頃にたっぷりと味わっていたのです。

先延ばしにしてきたことに、向き合ってみるのもいいでしょう。

あきらめていたことを思い出して、「無理だ、ダメだ」を「ためしてみようかな、やってみようかな」に変えてみるのもいいですね。

ダメな自分というレッテルを、「やればきっとできるはず」というレッテルに貼り替えてみるのはどうでしょうか。さっそく、明日新しい自分に出会うために、一歩踏み出してみませんか？

感覚への刺激は、内なる自分との対話のきっかけになる

物語 16

ふわ〜。大きくあくびして、目が覚めました。時計の針は8時少し前。昨日、ハードなスケジュールだった分、今日は少しだけお寝坊してもいいのです。

着替えて、歯を磨き、顔を洗って、ロッジの外に出てみると、高原の風が心地よくほほをなでていきます。静かな高原に小鳥のさえずりが響きわたっています。

「気持ちいいなあ」

ぐっすり寝て、少し疲れもとれたみたいだけど、まだ眠い。大きなあくびをしていると、シバシバの集合がかかりました。

「今日は高原実習。のんびりとヌプカで過ごしながら自然に親しみます」

チームごとに、順番にいくつかの実習をしていきます。

さくらちゃんのチームは、最初は「目隠しイモムシ」。目隠しをして、縦一列に並びます。後ろの人が前の人の腰を持って、イモムシみたいにのろのろと連なって

高原を歩きます。先頭のインストラクターのほのかさんだけ、目を開けてみんなを連れて歩きます。目を隠して高原を歩くのは大変です。さっきまで見ていた世界とは違って、まるで別世界を歩いているようです。みんなきゃあきゃあ騒ぎながら歩きます。

「あんまり速く行かないで」

「手が離れた……止まって。どこにいるの？　待ってよー」

「ちょっと、急に止まんないでよ！　ぶつかっちゃったでしょ」

みんな大騒ぎです。

「みんなここにしゃがんで、これに触ってみて。そーっとだよ」

ほのかさんが、一人ずつ手を取って触らせます。

やわらかな、はなびらです。

「匂いも嗅いでごらん」

あまい匂いがします。

「何色なのか、想像しよう」

みんな、口々にいろんな色を言いました。

さくらちゃんは、「黄色かな」と思いました。

ほのかさんは、「さて、何色なのかは後のお楽しみ」と言って教えてくれません。

「ここは少しだけ段になっているから、ジャンプして飛び降りるよ」

「えーっ、怖い！」

さくらちゃんも、知らないうちに大きな声で叫んでいました。

木の幹に触ったり、何かの匂いを嗅いだり、草むらに座ったり、目隠ししたままごろごろ転がったり、みんなで大声で笑い合いました。大の字になって空も見上げました。何にも見えないけれど、さくらちゃんには、青い空とぽっかり浮かぶ雲が流れていくのが見えたような気がします。

怖くて、でも面白くて、あっという間に時間が過ぎさります。

目隠しを取ると、あれだけ歩いたのに、また出発した場所に戻っていました。

みんなびっくりです。

「さぁ、今歩いた道を探して、触った木やジャンプしたところを探してみよう」

ほのかさんは、にこにこしながら見守っています。

木の幹に触って、感触を味わいながら探します。

切り株の感触や枝の太さを、さくらちゃんは覚えていました。

目隠ししながら触った木を思い出します。

幹の肌触りとか、太さとか、枝の伸び方とか……。

さくらちゃんは、見事に見つけることができました。

「あったよー」

みんなが集まってきて、

「ほんとだ、この枝覚えてる」

「ここのコブみたいなの何かと思ってた。こんなカタチしてたんだ」

大騒ぎです。

いい香りがした花も、いろいろ嗅ぎ分けて見つけました。思った通りの黄色の花でした。ジャンプした場所も、ごろごろした場所も、みんなで探し出しました。

つい2、3日前にできたチームなのに、さくらちゃんも大の仲良しの友達と一緒にいるみたいに、楽しくはしゃいでいます。

さくらちゃんは、学校にいる時とは全然違う自分を感じていました。

それがなぜなのかは、さくらちゃんにもわかりません。

物語⑯から学ぶ

目隠しをすることは低学年にとっては、難しい経験です。「見えないまま」でいることは、まだ彼らにはハードルの高いチャレンジなのです。低学年の多くは、目隠しのバンダナを少しだけずらしたまま歩きます。「見てないよ」とごまかしているつもりなのでしょうが、バレバレです。それでも、目隠しをした気分を味わいながら、一緒に歩くことを楽しみます。無理やり目隠しをさせる必要はありません。

中学年以上になると、目をふさぐことにも慣れてきます。そして視覚以外の五感が刺激され、知らずに内省していきます。街中の公園でもできることとして、「わたしの木」という実習があります。目隠しをして、手をつないで少し歩き回ってから1本の木を選び触れさせます。木の幹や、枝や葉っぱ、こぶに触れたり、幹を抱きしめたり、根っこにも触れます。満足するまで触れ終えたら、またぐるぐると歩き回って元の場所に戻り、目隠しを外します。そして、今触った木を探し当ててもらうのです。子どもたちは嬉々としてこのゲームを楽しみます。普段使っている視覚を閉じることは、子どもたちにとって新しい世界を実感する冒険になるだけでなく、感覚を刺激する大事な時間になるのです。これは、**内なる自分と対話を始めるとても大事な機会になり、努力や意欲などの目には見えない力につながっていくのです。**

目隠しイモムシでは、草花の匂い、肌に触れる風の感触、遠くに聞こえる鳥のさえずりなどが、目を開けていた時よりも新鮮に、そして鮮明に感じられます。見えていない景色や、見えない花や鳥をイメージの中で追いかけます。心の中でぐんぐんと見えない世界が広がっていきます。日常で、いかに目に頼っているのかを実感し、見えない世界を心の目で見始めるのです。

さらに、それをたった一人で体験するのではなく、チームで体験することで「チームと共有し、チームの中の自分の居場所」が創られていくのです。

イメージすることは、そこにないものを何かに見立てたり、置き換えたりすることにつながります。子どもたちだけでなく、**大人にとっても、イメージする力は重要です。**

我が子が問題を起こした時も、

職場でトラブルを引き起こしてしまった時も、

人間関係でどうしようもないことに直面した時にも、

それを一方向からしか見ることができなければ、そこで、どうすることもできなくなってしまいます。**イメージの力は、それを何かに見立てたり、違うことに置き換えてみたり、一つの事実をあらゆる角度から見る力となって、問題を解決していくきっかけになりうるのです。**

言い換えれば、**問題に直面した時は、イメージの力を養う絶好の機会**ともいえるでしょう。

この日の朝は、他にも「目隠しトレイル」という別の実習もします。森の中に張り巡らせたロープを頼りに歩く実習です。これは、チームではなく一人で歩かせます。初めは大きな声で、「助けてー」とか「怖いよー」と叫ぶ子どももいますが、近くに誰も人がいないことがわかると、次第に静かに、そして「自分」と一緒に歩きます。一人で困難を越えていく様子が遠くからでもよくうかがえます。そんな様子を見て、ボクたちはその子にそっと近づいて、「今、どんな気持ち?」と聞いてあげます。

一瞬、人がいることに驚きますが、すぐに、「楽しい」とか、「面白い」とか、「怖いよ」と返ってきます。

子どもたちは、目隠しをすることで、孤独を感じます。否が応でも、「自分」と一緒にいることになるのです。低学年は低学年なりに、そして高学年や中学生は彼らなりに、**自分の内側とたくさんの会話が始まるのです。**外に向かっていた意識が中断され、ごく自然に意識は自分の内側に向いていきます。そして知らず知らずに、「自分が今ここにいる」ことを実感するのです。

親に頼まれてお金を握りしめて一人で買い物に行った時、初めて自分一人で電車に乗った時、何かを一人でやり遂げた時のあの感覚は、誰もがはっきりと覚えていることでしょう。常に周りに助けてくれる大人がいる子どもたちにとって、「自分」を感じる貴重な体験となるのです。

それでは、もう少し、イメージの力の大切さについて物語を進めてみます。

想像することは、創造につながる

物語 17

高原実習ではお絵描きもします。絵のテーマはシバシバから告げられます。

さくらちゃんは、絵が大好きです。1年生の時には、さくらちゃんが住む地区の小学校の絵画コンクールで入賞したことがあります。

友達と上手に話せないので、いつも絵を描いています。アニメのキャラクターや、洋服のデザインも得意です。だから、お絵描きの実習と聞いて、ワクワクしてきました。

「ここから十勝平野が見渡せます。畑があって、牧場があって、そして、遠くには、日高山脈が連なっている。今、みんなに見えているこの世界全部が、君のものだったら、ここをどんな世界にしたい？　どんな国にするのも、どんな街にするのも、君たちの自由だとしたら……さぁ、描いてみよう」

真っ白い画用紙に配られた12色のクレヨンで自分だけの世界を描きます。さくらちゃんは、近くにあった岩の上に座って、これまた配られた段ボールの板をひざの上に置き、絵を描き始めました。

どんなふうにしようかな……。

さくらちゃんはしばらく考えこみました。目の前は広々とした牧場が広がっています。その向こうには青々とした山々。まるで『アルプスの少女ハイジ』のような世界です。ハイジのお話は一度、図書館から借りた本で読みました。ここが『アルプスの少女ハイジ』の舞台であるスイスだったら……。山小屋があって、ヤギがいて、ペーターのような山羊飼いの男の子がいて……。スイスには行ったことがないけれども、こんなふうに大自然があって、きれいな山に囲まれたところなら、あまり建物は建てたくないなと思いました。

それでも、なかなか描き始めることができません。さくらちゃんは自分の住んでいる街を思い起こしました。大きな通りには車が走っていて、近くには電車の駅もあって人がたくさん乗り降りします。にぎやかな商店街を歩けば、お店のおじさんやおばさんが声をかけてくれます。コンビニもたくさんあって、便利だし、さくらちゃんは大好きな街です。

でも、この景色の中におんなじ街をつくりたいとは、どうしても思えませんでした。鉛筆で少しだけ山や畑の線を引いた後、景色を見たまま手が止まっています。

この世界が、ずっとこのままであってほしいなって思っていると、なぜだかわからないけど涙が出てきてしまいました。自分でもよくわかりません。みんなに知られたら恥ずかしいので、そっと涙をぬぐいました。

何も描かないまま絵を描く時間が終わってしまいました。チームで集まると、インストラクターのほのかさんが話し始めます。

「みんなの描いた絵のことを教えてくれる？　じゃあ、まずたかあきくんから」

順番にみんなに絵を見せながら話しています。さくらちゃんは、何も描けなかったので、画用紙を伏せていました。みんなは、お城を描いたり、テーマパークを描いたり、動物の世界を描いたり、楽しそうな絵ばかりでした。

ますます、さくらちゃんは自分の絵を見せるのが嫌になってきました。でも、順番が来てほのかさんに、「みんなに見せて話してくれる？」と言われて、また涙が出てきてしまいました。上手に説明ができません。

すると、ほのかさんが近くに来て、

「大丈夫だよ、どんな表現もさくらちゃんの大切なものだからね。見せてもらえるならうれしいな」

何も描いていない絵を見せるのは、恥ずかしくて仕方なかったけど、ゆっくりと画用紙を返しました。そこには、うっすらとした鉛筆の線しかありません。

「この絵のこと、お話聞かせてくれる？」

そう言われて、さくらちゃんは驚きました。線しか描いてないのに、ほのかさんは「絵」と言ってくれました。

「たとえ、何も描いてなくても、さくらちゃんの世界がきっとここに表現されているから。みんなも知りたい？」

チームのみんなが大きくうなずきます。

さくらちゃんはぽつりぽつりと話し始めました。

景色を見ていたら、この景色をこのままにしておきたくなったこと。大切にしたいなって思ったこと。そして、ここに街をつくりたくはないなって思ったこと。でも何か描かなくちゃ、と思って線を描いたけど、やっぱりそれ以上は描けなかったこと、そして、知らないうちに涙が出てきたこと。

「そう、そうだったんだね。ありがとう、教えてくれて。みんなは、今のさくらちゃんの話を聞いて、どう思った？」

「おれも、ずっとこの景色を守りたいって思った」

「さくらちゃんが、見た世界をもっと知りたくなった」

「何も描いてないけど、さくらちゃんが描きたかった絵が見えたような気がする」

最後にたかあきくんが「最初見た時、まっしろな雪の世界だと思ったよ」。

気づくと、みんな、笑顔でいっぱいになっていました。

物語⑰から学ぶ

子どもたちがイメージする世界は、空想や妄想といってしまえばその通りなのですが、彼らはそのイメージを頭の中で動かし、その世界を現実のように楽しみます。

このイメージの力は、子どもが自立していくプロセスで養われていきます。「お母さんと自分の区別」がつかない「母子一体感覚」の中で安心し、心に愛情をたっぷりと蓄えます。そして成長し、やがて「お母さんと自分は違う存在なんだ」という発見と共に、自立という母子分離の感覚を味わい始めます。

「自分」という存在の誕生ともいえるでしょう。抱っこを嫌がり、何でも自分でやりたがります。でも、うまくはいかずにまたすぐに母親との一体感覚を求めます。こういったことを繰り返しながら、ごく自然に自立していくのです。しかし、今まで安全安心で保護された環境から、母子分離の感覚でいることは、安全ではなくなります。安全な領域から一歩踏み出していくことには大きな不安を伴うものです。ボクも、3、4歳の頃に、母親と新宿御苑に行き、その帰りに、口いっぱいに氷砂糖をほおばって（当時は飴の代わりによく舐《な》めていました）、ご機嫌で門を出たのですが、ふと気づくといるはずの母親が後ろにおらず、パニックになって口から氷砂糖を全部吐きだして、「おかーさーん！」と必死に叫んだことを今でも鮮明に覚えています。幼い頃の笑い話ですが、今でも覚えているのですから、ボクの中ではいまだにその時の自分が生きているようです。

一人になって味わう不安を、子どもたちは様々な遊びを通して埋めていきます。

お人形ごっこや、おままごとは、「見立てる」遊びでイメージする力を育てます。葉にたまる朝露を見つけたり、草花に這う小さな虫を見たりして、そこに自然の生命を感じます。この頃に、そのイメージする力がぐんぐんと養われていくのです。絵本もイマジネーションを育ててくれます。テレビやＰＣゲームと違って、絵本の絵は動きません。動かないからこそ、頭の中でその絵が動き始めます。親は早く読み進めたくてページをめくろうとしますが、子どもは何度でも同じページを見たがります。その一枚の絵を見て膨らませるイメージは、彼らの新しい世界への架け橋となるのです。

絵を描くことも同じです。正確な模写や風景画とは違って、**自由に表現する絵は、「心の表現」ともいわれます。**でき上がった絵について話をするのは、そこに描かれている詳細ではなく、そこに隠されている「物語」が語られるということです。もちろん「作り話」なのですが、その「作り話」に丁寧に耳を傾けることで、本人も意図しなかったお話が始まり「物語」が生まれるのです。

実は、この**イメージの力は、大人になってからのほうがよほど大切だ**ともいわれています。ただ、大人になっておままごとをするわけにもいきません。そこでお勧めしたいのが、児童文学や、特にファンタジーを読むことです。**想像することは、創造につながります。**

ボクが好きなファンタジー作品に『おばけ桃の冒険』があります。作者は『チョコレート工場の秘密』などの代表作があるロアルド・ダール。映画化された「ジャイアントピーチ」では、両親を亡くした男の子ジェームスは2人のおばさんのところで暮らすことになります。彼女たちはとっても意地悪。ジェームスはある日、魔法の力を借りて、巨大になった桃に乗り、その中にいた虫たちと一緒におばさんのもとから離れます。どこに向かうのかわからないまま海の上に桃ごと放り出されたのですが、ジェームスは、以前パパが教えてくれた、夢がかなうニューヨークの街を目指すことにします。

細かな展開は省きますが、最後にニューヨークにたどり着いたジェームスが言うセリフがじんと胸に響きます。ジェームスがおばけ桃と虫たちと一緒にたどり着いたことを言うと、追いかけてきたおばさんたちが、夢みたいなことだとけなします。それに対し、ジェームスはこう言うのです。初めはみんな夢だったけど、ニューヨークのビルも、街も、誰かが最初に夢に見たからできたんだと。

そう夢を描き、イマジネーションを働かせることは、何もないところに何かを実現するために大切なことなのです。

何かをイメージし、そしてそれを創造することは心を育てます。大人になると、このイメージはあまり大切にされません。イメージしても、それをただの夢幻としてぞんざいに扱われてしまうことが多いのではないでしょうか。でも、イメージ（想像すること）は、クリエイティビティ（創造すること）につながります。

「何かいいアイディアはないだろうか？」と、**「考える」ことよりも、日頃から「イメージする」つまり「想い描く」ことを意識しておけるといいですね。**

日常生活では、なかなか安心して「失敗」ができません。必然的にマニュアルに頼ります。結局「どうやって」が優先され、「どうしたい」は心の中に閉じ込められてしまいます。

レシピ通りの料理もいいですが、時にはイマジネーションを広げて挑戦したり、バカバカしいアイディアを、自分だけのノートに書きためてみたり、イメージを育てる練習はいくらでもあります。雲を眺めながら、何かに見立てることだって、散歩しながらできますね。

そして、このイメージは、**どんなイメージであっても尊重されなければなりません。バカバカしいとか、へたくそとか、イメージに勝手な解釈をすることは厳禁です。**ですから、子どもの描いた絵や、作り話は、あなたのイメージを広げてくれる刺激だと思って、熱心に耳を傾けられるといいですね。特に絵は、**うまいとか下手とかの評価をせずに、そこに見えている色や線について話を聞いたり、子どもの考えや気持ち、いわば隠れているイメージを引き出すのが、親の大事な役割です。**

自尊感情を育む「承認」の関わり

4日目も日が暮れていきます。

高原で過ごす時間もあとわずか。

今日の夕食は、この高原でバーベキューです。

サポーターたちが炭で火をおこし、肉や野菜を焼いてくれます。

こんな壮大な景色の中でのバーベキューは初めてです。

みんなで歌を歌ったり、ふざけてダンスチームを作って踊ったり、追いかけっこをしたり、最後の夜を楽しんでいます。

食べ終わる頃に、シバシバから声がかかります。

「おーい、薪を組むぞー」

何が始まるのかと思ったら、キャンプファイアの準備です。

みんなで大きな丸太を運んで、シバシバの指示で井桁の形に組んでいきます。

そしてすっかり陽が落ちてから、チームごとに実習です。

「これから、4日間一緒に過ごしたチームのメンバーに、一人ずつ、ありがとうの言葉を伝えていきます。いろんな実習をして、お互いに助け合ってきました。長い言葉じゃなくていいので、『○○ちゃん、元気をありがとう』とか、『□□くん、勇気をありがとう』というように、簡単な言葉でいいから、順番に伝えていきましょう」

気温がぐんぐん下がって寒くなった高原で、バーベキューの時に使った炭火で暖を取りながら、実習です。

さくらちゃんは、一緒に過ごしたチームのメンバーのことを思い返しました。

リーダーのサキちゃん、中学2年生のこうじくん、小学5年生のみどりちゃん、最年少、小学1年生のたかあきくん。一緒に過ごしたかけがえのないメンバーです。

さくらちゃんは一人っ子なので、一気にお姉さんやお兄さん、弟ができた気分です。

さくらちゃんはそれぞれ、どう「ありがとう」を言うか、ずっと考えていました。みんな親切で、マウンテンバイクの時にもたもたしている自分に、「頑張れ」と声をかけてくれたメンバーです。サキちゃんは困った時にはいつもやさしく声をかけてくれました。こうじくんはスポーツが大好きで、マウンテンバイクの時には、ギアの変え方を教えてくれました。みどりちゃんは、おしゃれで、着ている服もかわいい。さくらちゃんに、かわいくできる編み込みの方法を教えてくれたこともありました。たかあきくんは明るくて、お笑いが好き。いつも冗談を言って笑わせてくれました。

「サキちゃん、いつも親切にしてくれてありがとう」

「こうじくん、マウンテンバイクの乗り方を教えてくれてありがとう」

「みどりちゃん、おしゃれのしかたを教えてくれてありがとう」

「たかあきくん、いつも笑わせてくれてありがとう」

さくらちゃんが言うと、みんな照れ臭そうに笑います。今度はさくらちゃんが言われる番です。

サキちゃんは、

「さくらちゃん、いつも楽しくおしゃべりしてくれてありがとう」。

さくらちゃんはびっくりしました。おしゃべりが苦手で、いつも何を言えばいいのかわからなくなるのに……。でも、考えてみると、普段よりも一杯みんなとお話していような気がします。ものすごくうれしい言葉でした。昨日の夜はなかなか寝付かれずに、「さくらうるさい、早く寝て」と笑われたほどでした。

こうじくんは、

「山登りの時に、歌を教えてくれてありがとう」。

みどりちゃんは、

「学校で流行っていることを教えてくれてありがとう」。

たかあきくんは、

「僕のギャグで笑ってくれてありがとう」

と言ってくれました。さくらちゃんは、「そんなところを見てくれていたんだ」と
感激しました。

全員が一人ひとりに伝え終えた時、さくらちゃんは、心の中がほっこりしている
自分に気づきました。みんなもとてもやさしい顔をしています。空には、満天の星。
誰かが、「天の川が見えるよ」と教えてくれました。
流れ星を見つけるたびに、歓声が上がります。
みんなの目の前には、キャンプファイアの炎が空高く燃え上がっています。
「それじゃあ、最後に承認の実習をします。チームごとに前に出てきましょう」
シバシバが、言いました。

承認って何だろう？と首をかしげていたら、最初にさくらちゃんのチームが呼び
出されました。

チームの1年生、たかあきくんが、サンテナー（収穫した野菜を入れる箱）の上に立ちました。

インストラクターのほのかさんが、たかあきくんに語り始めます。

「1年生だけど、全部のプログラムをやり切ったね。こんなに小さい、たかあきくんが頑張っている姿を見ていたら、何度も何度も励まされたよ。これからも学校でいろんなことがあるだろうけど、ここでやり遂げた力を発揮して、またここで会おうね、楽しみにしています」

たかあきくんは、照れ臭そうに笑っています。

最後に、シバシバが、

「たかあきと、一緒にグロース体験できて、楽しかった人――――！」

すると、暗闇の中から一斉に「ハーイ！」という元気な声が返ってきました。

さくらちゃんも、1年生のたかあきくんが本当によく頑張っていたのを知っています。ちょっと生意気なところもあったけれど、ホームシックにもならずに、偉いなーと感じていました。

さくらちゃんの番になりました。

「さくらちゃん、最初はマウンテンバイクに乗るのが怖いって言っていたけど、勇気出して乗っていたね。あきらめちゃうのかなって思ったけど、さくらちゃんは一度も『もうやめる』なんて言わなかった。そして、最後まで走りぬいたよね。それって、すごいことなんだよ。あきらめずにやり遂げたこと、お母さんやお父さんに言ってあげてね。最後にはとっても楽しそうで、私もうれしい気持ちになった。さくらちゃんと一緒にグロース体験できて、ホントにうれしかった。ありがとう」

その言葉を聞いて、さくらちゃんはうれしくて、思わず涙が出てしまいました。

「さくらと一緒にグロース参加して楽しかった人――――！」

シバシバの呼びかけに、みんなが「はーい！」と大声で答えます。

「わあ……」

さくらちゃんは胸がいっぱいになりました。

物語⑱から学ぶ

グロースセミナーで大切にしていることはたくさんありますが、特に大切にしていることが「承認」です。あまり日常では使わない言葉ですが、子どものクラスだけでなく、大人向けのクラスでも、ボクはとても大切にしています。

「承認」は、人との関係性を育むだけでなく、自分らしい生き方をするための大事な自尊感情を育てます。

「ありがとう」の言葉は、その代表的なもの。

子どもたちは、日常でも「ありがとう」の言葉を言う機会はいくらでもあるでしょうが、あえて実習として行うと、そこには全く別の意味合いが生まれてきます。

あいさつ代わりの「ありがとう」は、心からの気持ちが相手に伝わるだけでなく、自分の本当の気持ちに触れる大事な瞬間になるのです。自分の気持ちに触れるということは、自分とつながることであり、自分の軸を感じることのできる体験になるのです。

「ほめること」も大切です。でも、ほめることと承認は、微妙に違います。

ほめるという行為は、「上位の者が、下位の者に対して行う肯定的な評価」です。親が子どもを、上司が部下を、先輩が後輩を「ほめる」わけです。誰でもほめられるのはうれしいものです。脳科学者の茂木健一郎さんによると、人間はほめられると脳内にドーパミンという快感物質が分泌されるそうです。さらに、脳はその快感を再現しようと試みるので、またほめてもらえるように行動するわけです。これは子どもに対するしつけの意味でも、自信を持たせる意味でも大事な行為です。ところが、ここで大きな問題が生まれます。最初はほめられたくてしたわけではないのに、その行為をほめてもらったことで、「またほめられたい」という思いから行動する、つまり、「自分のしたいこととして行う」のではなく、**「誰かにほめてもらうための行動になる」**ということなのです。行動の基準が自分ではなく、他者になるわけです。おまけに、「ほめるのは、上位の者が下位の者に行う肯定的評価」と書いたように、上位の者の評価の価値基準が大きく影響します。人が皆同じ評価基準を持っているわけではありませんからね。同じことをしても、ある人にはほめられ、またある人には全くほめてもらえないということが起きるのです。

ほめられたくて行動する子どもは、常にその場の上位の者の顔色をうかがっています。ほめてもらうために自分自身を相手の基準に合わせるのです。これは誰にでも覚えがあることでしょう。先生に叱られないように、友達に嫌われないように、好きな子に注目してもらえるように、いつもの自分とは違う自分を演じるのです。大人になってからも、常に周囲に気を配り、自分がしたいことではなく、波風立たないように、安全に無難に、周囲に認めてもらうための行動をすることになるのです。

これに対して**「承認」は、上下関係における「評価」ではなく、対等の立場での「認め合い」です。**

ボクが主宰している「子ども未来研究所」では、「自分を認め、お互いを認め合う世の中を創り出すこと」というビジョンを掲げ、子どもたちの自立をサポートしています。

これは決して、ほめることがいけないと言っているわけではありません。

承認の秘訣は、自分の気持ちを伝えること。

「よく頑張ったな」とほめた後に、「そんなおまえをお父さんは誇りに思うよ」。

「えらかったねぇ」とねぎらうだけじゃなくて、その後に、**「あなたを見ていて勇気づけられたわ」と付け加える。**

これは、親子の間だけではなく、職場でも、夫婦間でも、仲間同士でも、承認の関わりを活かせます。不思議なことですが、承認の言葉を伝えると、相手だけでなく、伝えた自分自身の心もふわっと温かくなるのです。**相手を承認することが、結果として自分を認めることにつながるのです。**自分の言葉は、相手に届くよりも先に、自分の耳に届きますからね。

とはいえ、自分の気持ちをキャッチするのは意外と難しいものです。そんな時は、「今何を感じている?」と自分に問いかけてみましょう。考えていることはすぐにでも出てくるかもしれませんが、気持ちとなると少し考え込んでしまう人が多いようです。ましてや、その気持ちを誰かに伝えるとなると、さらにハードルが高くなってしまいます。

特に、わが子に対しては、つい否定的な感情を伝えることが多くなりがちです。「イライラする」「がっかりだよ」「あー気分悪い」などなど。これらの言葉のマイナスに働く影響力は想像できます。だったら、肯定的な感情を伝えていくことでプラスの影響を与えることだってできるのです。

肯定的な気持ちを伝えられた子ども、つまり承認された子どもは、自分の何気ない行動や態度が、思いもかけずまわりにプラスの影響を与えていることを知り、自尊感情が育ちます。そして、承認したあなた自身も自分の気持ちに触れ、心が動きます。

ここで、承認の言葉がけの例をいくつか挙げておきます。これを参考にして、あなたらしい言葉に置き換えて子どもやパートナー、そして身近な人たちに実践してみましょう。日ごろ言い慣れていないとぎこちなくなるかもしれません。そんなときは、心の中で思ってみることから始めてみてもいいかもしれません。

・あなたを見ているとお母さんも元気になるよ。
・最後まで諦めずに頑張る姿に勇気をもらったよ。
・大きな声であいさつする姿、見ていて気持ちがいいな。
・１００点を取ったんだね。毎日宿題を頑張っていたものね。お母さんもうれしいな。
・お皿洗い、手伝ってくれてありがとう。きれいになって気持ちがいいな。

・お友達のこと、許してあげられたんだね。尊敬しちゃうな。
・自分から片づけができたね！　すごい！　うれしいな。
・宿題を毎日続けていて、頑張っているね。お母さんも仕事を頑張ろう！
・あなたの笑顔にお母さんは幸せな気持ちになるよ。ありがとう。
・生まれてきてくれてありがとう。大好きだよ。
・進級おめでとう。一生懸命練習する姿、お母さんは誇りに思うわ。
・学校のこと、話してくれてありがとう。いろいろ聞けてうれしかったよ。
・あなたが楽しそうに遊ぶ姿を見ていると、心が明るくなるわ。
・真面目に仕事に取り組む姿勢にいつも勇気づけられているわ。
・あなたがそばにいてくれたおかげで、私はここまで頑張れたわ。
・話を聞いてくれてありがとう。おかげで元気になれたわ。
・あなたがいてくれるおかげで、チームが明るくなるわ。
・あなたのあの発言が、場の空気を和やかにしてくれた。ありがとう。
・あなたといると心が癒やされる。一緒にいてくれてありがとう。

第5章

困難にぶつかった時、自分を励ますための言葉は何ですか？

励ましも批判の言葉も、それらが最初に届くのは自分の耳です

物語 19

今日はグロースセミナー最終日。5日間でしたが、ここで過ごした日々は内容が濃くて、東京の我が家を出発したのが、遠い日のようです。一緒に力を合わせてきたチームのみんなともいったんは今日でお別れ。まるで家族のように、食事をしたり、寝床を一緒にしたりしていたので、離れるのがとてもさみしく思いました。

5日間、生活してきた部屋を片付け、掃除をします。来年も来たいな、違う違う、来たい、じゃなくて絶対に来る。さくらちゃんの目に力がみなぎります。学校でもあまり自分から発言することがなかったのに、ここに来てからは、自分から意見を言うようになっていました。学校でも、同じように話せるかな。学校も、グロースセミナーみたいならいいのに……。さくらちゃんは、学校や学校の友達のことを思い浮かべながら、考えていました。でも、あんなに憂鬱だった新学期が、少しだけ楽しみにも思えてきました。

ヌプカの里を出発するのは午前10時。それまでにもう1つ、実習があります。それはミドルネームを自分でつけること。

最初この実習の内容を聞いた時、さくらちゃんは「ミドルネーム？」と首をかしげました。

「これから、グロース最後の実習、ミドルネームの実習をやります。ミドルネームというのは、海外の人たちの名前にはよくあるんだけど、名字と名前の間に入る、もう一つ別の呼び名のこと。

日本ではあんまりなじみはないね。でも、ここでは、毎回このミドルネームを決めて一人ずつ宣言します。みんなが夢を実現したり、やりたいことをやったりする時に、こんな自分だったらやれそうだっていう言葉を入れていきます。例えばもっと自信が欲しいなぁっていう人は、シバサキ自信カズタカ、ってね。元気があればいいという人は、シバサキ元気カズタカっていう感じです。伝わったかな？　何か困ったことが起きた時、失敗した時、もう一度自分らしさを取り戻すための、大事な名前です。

このミドルネームの言葉は、どんな言葉でもいい。自分の好きな言葉、つけたいミドルネームを決めていく。いいかな？　自分だけのミドルネームをつけて、決まったら、この場所から十勝平野に向かって大きな声で宣言します。

それじゃ、チームごとに始めて！」

自分の夢……。さくらちゃんは、〝夢〟というワードを聞いて、考え込みました。

学校でも、将来の夢は？という作文があって、みんな具体的に将来なりたい自分のことを発表しています。例えばお父さんがお医者さんなら、「私もお医者さんになりたい」とか、サッカーをしている子ならば、「プロになって、海外で活躍する選手になりたい」、「ＹｏｕＴｕｂｅｒになりたい」という子もいました。

私の夢……。このグロースセミナーに参加する時に、「ぼくの夢、わたしの夢」という紙を渡されました。それは絵日記みたいに、文章と一緒に絵を描くようになっていました。さくらちゃんは、それに「漫画家になりたい」と書いて、自分が考えたキャラクターたちをたくさん描きました。絵を描くことが好き、いろいろと空想をするのが楽しい。いつも自分が愛読している漫画家さんのように、誰もが胸をワクワクさせたり、ときめかせたりするような漫画を描いてみたいと思っていました。一度、お母さんに「漫画家っていいな」と言ったことがあるけれども、お母さんは、「そうなの、漫画家かぁ。お母さんも子どもの頃にアニメのキャラクターを何度も何度も描いていたわ。でも、漫画家になれるとは思わなくて、あきらめちゃったけど、さくらがなりたかったら、応援するわ」って言ってくれました。

お母さんはそう言ってくれたけど、正直言って、自分にそんな才能あるのかな？

っていう不安はあります。誰かが「好きなことを仕事にはできないんだって」と言っているのを聞いたこともありました。だから、漫画家になりたいと紙には書いたけど、あんまり本気ではありませんでした。でも、今は、少し考え方が変わってきています。「漫画家になりたい。でも、無理かな」、じゃなくて、漫画家になれるかどうか心配するよりも、「漫画家になるって決めればいいんだ」と思うと、なんだかワクワクしてくるのです。

それはさくらちゃんにとって大きな一歩でした。自分で漫画家になる夢に「才能がないかも」とか「面白い話がつくれない」とか、勝手に壁を作っていたことに気づいたのです。そして、どうすればいいのかということばかり考えて、自分の「なりたい」っていう気持ちを大事にしてこなかったのです。

「結果を創るために決めるんじゃない！　今の自分の気持ちを大事にしろ！」って何度もシバシバやインストラクターから言われていました。最初のうちは、決めたことができなかったらどうしようって思っていて、なかなか決められなかったけれども、今自分がどうしたいのかって自分の心に聞けるようになってきました。

何でもいいから、漫画を描いてみよう。お父さんとお母さんに頼んで、漫画の描き方が書かれた本を買ってもらおう。お父さんとお母さんに「さくらは何になりたい？」と聞かれたら、いや、自分から「漫画家になりたい」と言ってみよう。決意がむくむくと湧き起こります。

そこで考えなくてはいけないのは、ミドルネームです。過去には、
・絶対にあきらめない
・いつも笑顔の
・全力
・信じぬく
などがあったそうです。ミラクルとかポジティブとかじゃなくていいんだ……。さくらちゃんは、ピンと頭の中にある言葉が浮かびました。これにしよう！　そう思うと、心がワクワクしてきました。

ミドルネームの宣言が始まりました。「チャレンジ」という言葉を選ぶ子もいれば、「前を向く」と、つけた子もいました。

さくらちゃんの順番になりました。胸がドキドキしています。笑われたらどうしよう。でも、今まで宣言した子たちのミドルネームを聞いても、笑うことなんかなかった。みんないいミドルネームをつけるなあ、と心から感心していたのです。

「みやじま」

名字を口にして、一度、すうっと息を吸いました。

「みやじま　やりたいこと何でもやる　さくら！」

「いいぞー、よーしもっと大きな声で！」

シバシバが叫びます。

「みやじま　やりたいこと何でもやる　さくら！」

「よーし、ラストだ！」

「みやじま　やりたいこと何でもやる　さくら――！」

こんな大声を出したことないっていうくらいの大きな声で叫びました。

なんだか、勝手に涙があふれてきました。

みんな、ワーッと歓声を上げたり、さくら、いいぞーって拍手してくれています。

さくらちゃんの中で、何か大きなやる気のようなものがむくむくとこみ上げてきました。

物語⑲から学ぶ

ミドルネームには自分の夢を実現するため、こう在りたいという自分であるため、困難にぶつかった時に自分を励ますための言葉を選びます。

何かチャレンジしたい時、その目標を目の前にした時、特にその思いが強ければ強いほど、「ダメなんじゃないか」とか「無理かな」「自分にはできないかな」「やっぱりダメだ」とつぶやいてしまうことがあります。ゴールを目指すのは魅力的だし、結果を残せばうれしいし賞賛もされます。自尊感情も育まれるでしょう。でも、そうやって得た自信は、ちょっとしたつまずきで、あっという間に消え去ってしまいます。

何かを成し遂げることで世界が発展してきました。目に見える結果は、多くの人の理解を得やすいし、評価もしやすいのです。オリンピック選手でさえも、メダルを取った人ばかりが注目されますが、すべてのアスリートの努力の価値には、なんら違いはないのです。結果を残そうが残すまいが、人生で大事なことは、**「何を成し遂げたか」ということ以上に、どれだけ「自分の想いを大切にしたのかどうか」なのです。**生きがいという言葉がありますが、ボクはこの生きがいに3つの定義を持っています。

・人生の目標があるのかどうか

・自分にしかできない役割があるのかどうか
・そして、愛する対象がいるのかどうか
この3つがあれば、人生を振り返ってみて、大きなことを成し遂げていなかったとしても、**十分に自分を生きた証となるのです。**

だから、**「自分が本当にしたいことを自分にさせること」がどれほど、自分を豊かにしてくれるのかを、子どもたちと分かち合いたいのです。**

子どもたちの中にも、ミドルネームをなかなか言えない子もいます。ある年、初参加の小学4年生の女の子は、居心地悪そうな様子で何も言いませんでした。チームのみんなが力づけても、言葉のアイディアを出しても、黙ったまま動きません。リーダーも困り果てていました。

しばらくして、ボクは彼女のところに近づいて、「何が起きてるの?」と尋ねました。

リーダーが、いきさつを話してくれます。

「ありがとう、でも、本人から聞きたい。今何が起きているのか教えてもらえるか?」

すると、「思い浮かばないから」と言います。

「そうか、チームのみんながいろいろアイディア出してくれたみたいだけど、その中にはないのか?」

小さくうなずきます。

でも、こういう場合、本当の理由は別にあります。ボクは、繰り返し、たずねました。

「いいアイディアが出れば、やるのか?」

すると、黙ったまま固まっています。

「もう一度聞くけど、やりたくないんだよね? その理由を教えてほしい」

「……………みんなの前でやりたくない」とつぶやきます。

「そうか、みんなの前が嫌なのか。一人きりだったらやるのか?」

するとまた固まってしまいます。

「本当の理由は何?」

「…………大きな声出したくない…………」

「そうだったのか、大きな声が嫌なんだ。わかった、それじゃ、小さな声だったら宣言するの?」

小さくうなずきます。

恥ずかしくて、一歩踏み出せなかったのです。なーんだ、そんなこと、と思いがちですが、誰にでも一歩踏み出せないことがあります。本人にとっては深刻な問題です。仕事でも人間関係でも、大人も子どもも関係なく、**些細なことが妨げになって一歩踏み出せないことは誰にでもあるのではないでしょうか?**

「何か、ミドルネームの言葉は思いついてるのか?」

首を横に振ります。

彼女は口数こそ少ないものの、５日間を通じて、少しずつ前に進もうとしていることはボクもほかの子どもたちも強く感じていました。チームメンバーやサポーターと笑顔で話し込んでいる姿は何度も見てきました。表現する力はあるけれども、彼女の中で何か自分の思いや意思を伝えることを止めているようでした。

ボクは、彼女にミドルネームのアイディアをいくつか出しました。マウンテンバイクの実習で、その練習のためロッジ前の階段下りに挑戦することがあります。自由参加ですが、彼女は初めての階段下りに挑戦しました。もちろん、一度では成功しませんでした。階段途中で、ハンドルを取られ転倒。次も、また次も。わずか10段ほどの階段ですが、緊張するし、恐怖がわいてきます。彼女は、何度か怖い思いをしながらも、あきらめず、繰り返しチャレンジしました。そして、ついに、やり遂げたのです。勇気や意志の強さが、彼女の内側にあることは明白です。

「マウンテンバイクの時、怖かったけど階段に挑戦したよな。やってみてどうだった？」

「怖かったけど、楽しかった」

「そうか、楽しかったか。やる前はドキドキで怖かったかもしれないけど、あきらめずに挑戦していたね。下まで下りた時、君は新しい自分に会えたんだよ」

彼女の同意のもと、彼女に「自分を信じる」「一歩を踏み出す」の２つの選択肢を提案しました。彼女はしばらく沈黙したあと、「一歩を踏み出す」と答えました。

ミドルネームの実習の目的は、自分に対する肯定的で積極的な宣言をすることにあります。これは大人でも自分軸を創り出していくために有効な方法です。

自分が口にした言葉を、最初に聞くのは自分です。自分を励ます言葉も、自分を否定する言葉も口にした瞬間、それらが最初に届くのは自分の耳なのです。

例えば「ダメだ」と言った（思った）途端に、自分の耳がそれを聞いて、まるでシャワーのように、その言葉のイメージがどんどん体にしみわたっていく。肯定的であれ、否定的であれ、自分で自分に対するイメージを自分が発する言葉で創っていくわけです。このミドルネームの実習は、子どもたちが（ボクたちも）自分への力づけとなって新しい自分のイメージを創る助けになるのです。

仕事をしている時、家事にいそしんでいる時、子育てしている時、どんな時でも、うまくいかないことがあれば、何かしら心の中でつぶやいてしまいます。

あなたは、自分にどんな言葉を繰り返しつぶやいていますか？

できれば、どんな時でも、自分を認める言葉をつぶやけるといいですね。

「ダメだなぁ、私って」の代わりに、「うまくいかないこともあるけど、あきらめないところが私のいいところね」とか。

「もう無理」と言う代わりに、「なんだかんだ言って、私は結局やるところが素敵ね」。
「自分にはできない」の代わりに、「私は私を信じているわ」。
こんなふうに、自分を否定する代わりに、もしくは否定してしまった後でも言い換えて、自分を認められるといいですね。

いくつか、自分を認める言葉を挙げておきます。

どうせつぶやくなら、こんな言葉をつぶやいてみませんか？　知らずに自分を否定し続けてきたつぶやきをやめて、根気よく新しい言葉を繰り返し耳に聞かせるのです。**自分を認め、自分を大切にすることが、実は子育ての一番大事なスタートです。**

・私にとって子育ては遊びと同じで楽しいものです。
・私は自分を批判する代わりに、充分に尊重しています。
・私は子どもの（家族の）すばらしさを認め、それを誇りに思っています。
・私は今のままでも充分に価値があり、かけがえのない存在です。
・私は自分に優しく、寛大です。
・私がリラックスすることで、子ども（家族）に楽しさを創り出しています。
・私が自分を愛し、助けることは、それを子どもにする以上に大切なことです。

・私は家族を喜ばせようとする必要はない。私はあるがままで愛される価値ある存在です。
・私は自分の心を、自分の子どものように大切に育んでいます。
・私は子どもの成功や幸福を心から喜んでいます。
・私が自分の感情をさらけ出すことは、自分と子どもの成長にとても役に立っています。
・私は自分が思っている以上に価値ある存在です。
・私は世界中で一番自分を愛し、思いやっています。
・私は自分に対してとても親切です。
・私は恐れ、不安を感じた時、つぶやきます。「私は大丈夫、すべてはうまくいく」
・私の未来は希望にあふれ、ワクワクすることばかりです。
・私は自分に起きるあらゆる感情をそのまま認め、受け入れています。
・私は優しい気持ちや傷つきやすい心が自分の中にあることを認めています。
・私は子どもを丸ごと受け入れる忍耐力があります。
・私はいつでもどこでも感謝を言葉にして伝えています。
・私は周りの人からの援助を、進んで受け入れています。
・私は子どもと共にわかちあい、共に感じ、共に勝つことが喜びです。
・私は世界一自分に優しい存在です。
・私は人とゆったり会話し、特に子どもの話を聴くことが大好きです。

・私が望む平和や幸せは、私の小さな一歩から始まります。
・私は今やるべきことをやるべき時にやっています。
・私は何をやる時も最後まであきらめずにやり遂げています。
・私は子ども（家族）に安らぎを与える存在です。
・私が自分から一歩踏み出すことで、周りを活気づかせています。

エピローグ

小さな一歩が未来を変えていく

東京に戻ってからもう1カ月半が経ちました。

さくらちゃんの学校は2学期が始まっています。秋に運動会があるので、その準備のため、ホームルームで様々なことが決められていました。横断幕を作るのも大切な仕事です。どんなデザインにしようか、どんなメッセージを書こうか、クラス全員で決めていきます。

学級委員が、

「どんなデザインがいいと思いますか？」

とクラス全員に問いかけました。しかし、みんな、「うーん」となり、考え込んだまま、誰も発言しようとしません。さくらちゃんはふと思いました。みんなどうしたいんだろ？　私はどうしたいんだろ？と。さくらちゃんにはあるアイディアが浮かんでいました。先生の似顔絵を描いて、そこに「がんばれー」と吹き出しを書くのはどうだろうか。絵なら私も描いてみたい。

「誰も意見出ないのか～」

先生がクラスを見回しました。さくらちゃんの受け持ちの先生は大学を出て4年目、まだ20代の若い男の先生です。ずっとサッカーをしていたらしく、元気いっぱいで明るく、男の子たちにも人気です。さくらちゃんのこともいつも、気にかけてくれるので、先生のことは大好きです。

さくらちゃんは、自分はどうしたいのか？と自分の胸に聞きました。自分は横断幕を描く役目がしたい。だったら、自分でどうしたいかを言うべきじゃないか。思い切って、手を挙げました。

「漫画みたいに絵を描いて、吹き出しに〃がんばれ〜〃って書くといいと思います」

ハイ！と手を挙げたこと、思い切って自分の意見を言えたこと。さくらちゃんは自分でもびっくりしました。先生も、「おっ」と驚くと同時にうれしそうな表情を見せています。先生の顔とは言えませんでしたが。

さくらちゃんの案を元に、次々と意見が出るようになりました。漫画のキャラクターにしよう、アイドルの顔にしよう、動物にしようなどなど……。自分が思い切って発言したことがきっかけで、クラスのみんなが動いてくれた。さくらちゃんにとってはそんな経験は初めてです。だって、ずっと誰かの意見を待ち、誰かの言う通りにしか動いてこなかったのですから。

帰り道、仲良しのりなちゃんが、「さくらちゃん、手を挙げて意見が言えてすごいね」と言ってくれました。くすぐったいような気持ちになりましたが、ちょっと上を向いて歩きたい……、そんな思いも高まっていきました。

9月の敬老の日、この日はグロースセミナーのフォローアップの日です。久しぶりにグロースの友達と会います。会場に入ると、もうみんな来ていました。インストラクターやサポーターが笑顔で迎えてくれます。チームのメンバーもいます。

「あれ？　さくら、背、高くなった？」とか、「さくら、なんだか、たのもしくなってるー」とか、口々に声をかけてくれます。

さくらちゃんは、チームのメンバーを自分から見つけて、さっそく夏休みの話をし始めていました。かばんの中から、1冊の本を取り出しました。小学生向けに漫画の描き方を教える入門書です。

「これ、この間、お父さんに買ってもらったの」

そう、さくらちゃんは、家に帰って、「漫画家になりたいから、描き方を教えてくれるような本が欲しい」とお父さんとお母さんに話をしたのです。お父さんは、「わかった。だけど、学校の勉強もちゃんとするんだぞ。漫画家は絵が上手なだけじゃだめだ。面白いお話を考えるために、漫画家はいろんな本を読んで、学校の勉強もたくさんしている。お父さんの好きな漫画家もものすごいたくさんの本を読んでいると言っていたからな。さくらの知識が増えるのなら、お父さんはいくらでも本を買うよ」と言ってくれました。お母さんもそのことには賛成です。

ほんの少しの一歩、自分が何をしたいかを考え、それを口にするだけで、世界は変わっていく。さくらちゃんはそのことを実感し、かみしめていました。

おわりに

問題を自分の成長の課題としてとらえる

「自分は本当はどうしたい？」という問いかけを繰り返し体験してきた子どもの変化は、本人の様子からなんとなく伝わってきます。一つだけ、どの子どもにもいえることがあるとしたら、「その子どもらしくいる」ことでしょうか。どんな場所にいても、誰と一緒にいても、多少の気遣いはあったとしても、「自分と一緒にいる」ことができる、つまり「自分軸でいられる」のは、とても大切なことです。

初めのうちは、周りの様子を見て、その環境になじむ道を探します。その手段の中で居場所を探すわけです。そのために、極端な人は、自分を主張せず、周りを主体として、かろうじて居場所を見つけるわけですから、あまり落ち着いてはいられません。自分がここにいてもいい、というサインを誰かに求めるのではなく、自分が自分にOKを出せるのは、自分の軸が育った証です。誰かの顔色を気にしながらそこにいるのは、居心地が悪いし、また行きたい、また会いたいとはなかなか思えません。

ボクは、自分らしさを探すための方法論を教えたいのではありません。**ボクは繰り返し「君はどうしたいのか？」と問いかけます。そこに常識とか、社会通念とか、グロースセミナーな**

りのしきたりといったような、あるいはシバサキの正しさのような答えはありません。そこに答えがないからこそ、自分で考えなければならなくなるのです。

「どうしたらいいですか？」という質問には、「君はどうしたいんだ？」と聞き返します。手を差し伸べてあげたい気持ちは、ボクにもあります。こうしたほうがいいに決まっているとわかっているし、あれをしたら大変だ、ということも見えている。でも、自分軸で生きるために大切なことは、自分でその答えを見つけていくことなのです。そのための環境を徹底して創り出していくのが、ボクたち大人の役割だと思っています。

「わからない」では前に進めなくなる環境がそこにあります。そのうちに、自分はこうしたい、自分にはこういう考えがある、自分はこう生きていきたいといった、「自分の軸らしきもの」が明確になっていくのです。そのことで、ほかの人と違うから孤独を感じてしまうかもしれないし、孤独に耐えられなくなって、結局流されてしまうかもしれません。でも、それでもいいのです。**少なくとも、それに気づかないままでいるよりも、「あっ、今流されたな」と気づいたほうが何倍も素晴らしいことなのですから。気づいたら、「本当はどうしたかったのかな？」と自分に聞けばいいのです。**

ボクたちは、自我の安定のために、規則正しい習慣に基づいて暮らしています。何が起きるのかわからない毎日だとしたら、ひとときも安心が得られませんからね。でも、その習慣が、新しい価値観を生み出す妨げにもなっていきます。大人は、何年も何十年もかけて、その安心できる価値観を手にしてきています。だから、子どもや自分よりも若い人たちに、自分の経験則の中から何かしら気の利いたアドバイスをしてあげられるわけです。先人の知恵はボクたちに多くの安心・安全をもたらします。でも、同時にそれは制限や束縛にもなるのです。

自分で考える力、自分でそれを実行に移す力、そしてそれをあきらめずに創り出していく力は、現代では自然には育ちにくくなっています。答えはそこら中にあふれているし、関係性を壊したくないから、自分流を押し通すことも評価されにくい。

でも、ボクたちの心の奥底には、あふれるような想像力が出番を待っているのです。その想像力の多くは、「子どもじみている」とか「幼稚な考えだ、ばかばかしい」とか、「もっと大人になれ」という言葉で心の奥に閉じ込められてしまいます。

この想像する力を抑制してしまうのではなく、自由な想像力が保護された環境を創り出していくことが、ボク自身に与えられた使命だと確信しています。**あらゆる創造の土台となるのが、この「想像力」なのですから。**

ボクが大切にしていることは安心・安全な場所を創ること。そして自由で保護された空間や関係性を創り出すのです。そのために、ボクたちスタッフは、「教えること」よりも、考える場を提供します。「知ること」よりも、「自分で気づくこと」を大切にします。それを、子どもたちに「させる」のではなく、我々自身が、日々それを実践し、共に振り返り、明日に活かそうと夜遅くまでミーティングをするのです。グロースは「成長」を意味する単語です。子どものためではなく、そこに携わる全員の成長が一番の目的ということなのです。

日常生活の中では、忙しすぎてなかなか立ち止まることができません。夏休みのひととき、年に1回だけですが、大自然の中で、自分はどうしたいのか？　できることなら、本当はどう生きたいのか？　ボクたち大人のほうが、自分を取り戻していくために必要な時間なのかもしれません。

子どもたちは、繰り返し体験する、「承認」によって、自分に確かな存在価値があることに気づかされます。自分がここにいてもいい大切な存在であること、さらに、自分以外の人たちからも尊重されるべき大事な存在であることを認識します。

「こうしたいけど、無理」「やってみたいけど自信がない」と思うことでも、その自分と真正面から向き合うことで、それをやろうと、やるまいと自分には「選択することができる」ということに気づけます。「お母さんがだめと言うから」「どうせ叱られるだけだから」と、あきらめてきた自分がいたのであれば、まずそんな自分を認め、許し、そして「本当はどうしたいのか？」を自分に聞くのです。

そうやって、自分で選んで生きていくことで、今、自分が置かれている状況はすべて、自分が選んで創り出してきたものだ、ということを認めることができるのです。

人生は、物語以上に予想外のことがたくさん起こるものです。この本を書いているさなかにも「新型コロナウイルス」の感染が続き、1年前には想像もしていなかったことが起きています。

何年かのちには、防護服を着て外出することが当たり前になり、子どもや孫たちに、「昔はマスクもしないで外を歩いていたんだよ」と伝える時代が来るかもしれないのです。

だからこそ、どんな世の中になったとしても、どんな大変な問題を抱え込んだとしても、**被害者意識になることなく、それを自分の成長の課題としてとらえ、それに向き合っていく力を大人こそ養っていかなければならないのかもしれません。**

自分の人生の幸・不幸は、それを自分がどう受け止めるのか、いわば、すべて自分次第なのですから。

30年続けてきたグロースセミナーは、令和2年初頭からの想像もしなかったウイルスの感染拡大によって、令和2年は中止となりました。残念なことでしたが、30年を振り返る大事な時間を与えられたことも事実です。

最後に、ボクの言葉や活動に興味を持ってくれただけでなく、この本にまとめることを強く勧め続けてくれた編集者の石島友子さんに心から感謝を申し上げます。

また、グロースセミナーを直接現地で取材してくれたライターの笹原風花さん、原稿をまとめていくうえで、多大な尽力をしてくれたライターの廉屋友美乃さん、そして、この原稿に興味を持って出版を決意してくれた1万年堂出版の宮地一憲さんに心から感謝をいたします。

そして、誰よりも、この30年間グロースセミナーを、そして子どもたちの成長を見守り続けてくれた多くのボランティアの皆さん、ロッジヌプカ支配人の長瀬ひろみさん、熱気球の山下暁彦さん、特に、「シバのためにはやんねぇけど、子どもらの成長のためだってわかってるから、シバの言うことはなんでも聞く」と言って、ボクからのどんな無理難題も「わかった」の一言でサポートしてくれている士幌のオヤジ、中村貢さんと富沢敏さんは、ボクにとって最高の仲間です。

この出版を通して、このグロースセミナーに関わってくださったすべての方々に感謝申し上げます。

令和3年5月　柴﨑嘉寿隆

小中学生の自立のための体験学習

グロースセミナー

『自分で決めて、行動し、欲しい結果を創り出す』

どんな状況においても「自分の感覚を信じて判断し、決める」という力は、子どもたちが生きていくうえで、必ず自分の助けになることでしょう。子ども時代の十分な五感体験は、自分の感覚や判断を信じることにつながります。子どもたちは北海道の大自然の中に仲間と共に身を置き、感覚と自我、自己承認とチームシップをバランスよく体験的に学んでいきます。

プログラム

❶セットアップセミナー
**「夢を実現するための
5つの力を決める」**
（7月、親子参加。都内日帰り）

セットアップセミナーでは「自分の夢を手に入れるために大事なことは何か」を子どもたち同士で話し合います。ただ話し合うのではなく、話し合いにかける時間も自分たちで決めていきます。その場にいる大人が決めるのではなく、「自分たちで決める」のですから、時間を決めるのもひと苦労です。夢を実現するのは、ほんの一握りの人たちかもしれません。それでも、その夢を描き、自分を信じてそれを目指していくことが大切なのは大人の誰もが知っています。子どもたちは試行錯誤しながら、協力して決めていきます。

❷キャンプ実習
**「大自然を相手に
自分で決めて行動する」**
（8月、子ども参加。北海道4泊5日）

北海道の士幌高原では、様々な実習が予定されています。グループ作り、テント設営、白雲山登山、熱気球、マウンテンバイク、ナイトハイク、カレー作り体験などなど。でも、これはあくまでも予定。やるかやらないかは、すべて子どもたち全員の意思で決まります。実習によっては、危険が伴うものもあり、やりたくないという子どももいます。グロースセミナーでは多数決やじゃんけんで物事を決めません。あくまでも子どもたちが話し合い、子どもたち自身が決めていくことを尊重していきます。そして子どもたちの意思で決めたことを、スタッフは全力でサポートしていきます。

❸フォローアップセミナー
「自分と仲間を認める」
（9月、親子参加。都内日帰り）

北海道で体験した実習のすべてを振り返ります。そして、2学期が始まった子どもたちに、自分の成長や変化に気づくために、まとめと承認をしていきます。一人一人を承認し、また新たな一歩を踏み出していくファイナルです。

※詳細は、NPO法人子ども未来研究所ホームページをご覧ください。

グロースセミナー参加者の感想文

【小2男子　H・O】

グロースで一番思い出に残っているのは、マウンテンバイクです。下り坂でスピードが出せたのが気持ちよかったです。お泊まりはいやだったけど、「さいごまで全部やる」と自分で決めて本当にやりとげることができて、そんな自分を「すごい」と思います。キャンプファイヤーで、みんなが「Hくんとグロースに来れて楽しかった」と言ってくれてうれしかったです。グロースに行って変われたことは、みんなのまえで手をあげてはつげんできるようになったことです。ぼくにとってグロースはせいちょうの場所だと思います。

【H・Oくんの母】

わたしのグロースは、申し込む前から始まっていました。

「大自然の中で愛溢れるスタッフと仲間たちに囲まれて思い切りチャレンジする体験をさせてあげたい！　でも、お泊まりが苦手な息子は不安でたまらないだろう。私の意志で行かせてよいのだろうか」、とずいぶん葛藤しました。

シバシバが、発達障害のある息子のことも、他の子どもたちと同じように受け入れると言ってくれたこともとてもうれしく、心強かった。

キャンプが終わり迎えに行った空港で笑顔の息子を見たとき「行かせてよかったんだ！」と思いました。

「ママがいなくてすごくすごくさみしかったけど、全部のプログラムにチャレンジして最後までやり遂げるって自分で決めたんだ」と聞いたときは、本当に胸が熱くなりました。

今までは、不安があるとすぐに逃げてしまっていました。そんな息子が「こわいけど、やる」と決められたことは本当に大きな成長です。家や学校でも、「イヤだけどやったほうがいいと思うからやってみる」「怖いこともあるけど楽しみなところもあるから行ってみる」というふうに不安に負けることなく行動できることが明らかに多くなりました。

【中1女子　W・K】

私は今年が初参加でした。弟から1・3メートルの岩があってそれを登り続けるとか、シバシバがとてもこわいとか聞いていました。私は「へぇーおもしろそうじゃん」とか思いながら参加しました。

今回のキャンプでは、友達もたくさんでき、自分にとっても初めて挑戦することばかりのキャンプでした。

私がこのグロースで学んだことは数えきれないほどあります。その中で私が最も大切だと思い、私がするべきだと思ったのは、仲間同士で助け合うということです。だれかの物が無くなったら全員でさがす。自分の事が終わったら、まだ終わってない人の事も手伝う。こうした仲間とのつながりや関係を持つことによって、より良い関係を築けたりするのかぁと思いました。私は今の学校のクラスメイトなどと、このキャンプで学んだことを活かして接したいです。最後に、このキャンプは、私にとってかけがえのない思い出になりました。

【小3女子の母】

自分の気持ちを言葉でうまく伝えられず、すぐに泣いてしまう子で、グロースに参加して少しずつでも自分の言葉で気持ちを相手に伝えられるようになって欲しいという思いがありました。5日間のグロースを終えて帰ってきた日から2つの変化がありました。

1つ目は嫌なことは嫌だとはっきり言えるようになったこと。泣きながらでも一生懸命自分の思いを伝えようとするようになりました。

2つ目は昨年の夏休みあたりから急に出始めた吃音が、グロースから帰ってきたら、一切出なくなったことです。約1年間続いていたのですが、気づけば一切出ていないことに驚いたと同時に、何が原因で何が良かったのかもわかりませんが、グロースに参加できて本当によかったのだと実感しました。

著者プロフィール

柴﨑 嘉寿隆（しばさき かずたか）

深層心理トレーナー
NPO法人子ども未来研究所　理事長
株式会社クエスト総合研究所　代表取締役
JIPATT ディレクター
（Japan International Program of Art Therapy in Tokyo Director）

ユング、エリクソン、アドラーなどの心理学、
さらに東洋思想を織り交ぜた独自のプログラムによるメソッドで、
800名以上のアートワークセラピストの育成、企業や教育関係者向けの講演活動を行う。
ファンタジーや児童文学を使った心理分析にも定評があり、
難解な心理学をわかりやすく解説し、現実に即活かせる講座を数々生み出してきた。
自分軸を作る講座の卒業生は10,000名を超える。
子どもの自立を目的とした野外体験学習「グロースセミナー」は、
子どもだけでなく保護者にも評価され、約30年間継続してきた。

柴﨑かずたか公式サイト　http://www.shiba-miraisozo.com/index.html
NPO法人子ども未来研究所　http://www.cof.or.jp/
株式会社クエスト総合研究所　https://questnet.co.jp/

［主な著書］
「幸せな自分に出会える本」 KKロングセラーズ
「自分を好きになれる本」KKロングセラーズ

スタッフ

企画・編集	石島 友子
執筆協力	廉屋 友美乃
デザイン	玉掛 由美子
イラスト	林 幸子
プロフィール写真撮影	玉掛 理人

special thanks to

笹原 風花
長瀬 ひろみ
山下 暁彦
中村 貢
富沢 敏
石原 虹空
士幌町
士幌町教育委員会
士幌消防署
北海道士幌高等学校
士幌高原ヌプカの里
30 年間、延べ 300 名以上のボランティアの皆さん

柴﨑 千桂子

勇気の育て方

令和3年（2021）5月25日　第1刷発行

著　者　柴﨑 嘉寿隆

発行所　株式会社　1万年堂出版
〒101-0052　東京都千代田区神田小川町2-4-20-5F
電話　03-3518-2126
FAX　03-3518-2127
https://www.10000nen.com/
製　作　1万年堂ライフ
印刷所　萩原印刷株式会社

ISBN 978-4-86626-069-3　C0037

マンガで分かるHSC解説本

HSCの子育てハッピーアドバイス

HSC＝ひといちばい敏感な子

明橋大二 著　イラスト 太田知子

定価 1,320円（10％税込）　四六判　232ページ
ISBN978-4-86626-034-1　オールカラー

敏感な子の子育ては、そうでない子の子育てと、違うことがたくさんあります。ＨＳＣの知識を得て、スキルを身につけ、その個性を伸ばすアドバイスが満載です。

（主な内容）

● 「甘やかすからわがままになる」というのは間違いです

● ＨＳＣの特性は、見方を変えれば子どもの長所の表れです

● 敏感な子がイキイキと伸びるために親ができること

・いいところを見つけて、ほめるようにしましょう

＼HSCの子育ての大原則／

その子のペースを尊重しましょう